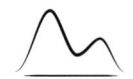

Mountains

在 群 山 之 间

在群山之间

陈涛 著

辽宁人民出版社

ⓒ 陈涛 2021

图书在版编目（CIP）数据

在群山之间 / 陈涛著. —— 沈阳：辽宁人民出版社，2021.7

ISBN 978-7-205-10201-2

Ⅰ. ①在… Ⅱ. ①陈… Ⅲ. ①散文集–中国–当代 Ⅳ. ① I267

中国版本图书馆 CIP 数据核字 (2021) 第 099128 号

出版发行：辽宁人民出版社
地址：沈阳市和平区十一纬路 25 号 邮编：110003
电话：024-23284321（邮　购）　024-23284324（发行部）
传真：024-23284191（发行部）　024-23284304（办公室）
http：//www.lnpph.com.cn

| 印　　　刷：辽宁新华印务有限公司
| 幅面尺寸：880 毫米 ×1230 毫米　（1/32）
| 插　　页：8
| 印　　张：7.5
| 字　　数：160 千字
| 出版时间：2021 年 7 月第 1 版
| 印刷时间：2021 年 7 月第 1 次印刷
| 责任编辑：娄　瓴
| 封面设计：丁末末
| 版式设计：白　咏
| 责任校对：吴艳杰
| 书　　号：ISBN 978-7-205-10201-2
| 定　　价：49.80 元

在人生的道路上，我们会有无数个决定，

但总会有那么几个决定，

将你引向难以预知却又充满独特魅力的旅途。

我时常站在高高的山顶

长久地向群山以及山下望去

那大团大团的白云，层层叠叠的梯田

展示着一份壮美一丝忧愁

从未有过一次旅行是这般的漫不经心,
走走停停,停停走走,随心随性,不克制也不压抑自己的内心,
我可能知道我下一步的目的地,
可我不知道我会在哪个确切的时间以怎样的方式到达。

目录
Contents

回望

生命中的二十四个月　002
重回冶力关　014
在群山之间　022

当时

初见　038
大地上的孩子　046
修道　065
山上来客　077
四十盏路灯　089
芒拉乡死亡事件　110

世风

另一种生活　134
甘南漫行　140
"浪山"　150
小镇一日　164
可不可念　170

青年

困境的气息　184
小镇青年、酒及酒事　194
养蜂人龙聃　206
牛人何暖阳　216
几个朋友　226

后记　232

冶力关小镇的山势险峻、风光秀丽，
历史上曾是连接东西、通衢南北的重要关口。
每逢夏季，许多游客来到这里，
找寻心目中的香巴拉。

我走到哪里

哪里就会有生命、成长和歌唱

就会有绿色手帕在枝条上飘扬

从一棵树到另一棵树

从一支琴弦到另一支琴弦

像手指奔跑在琴键上

沿着密林小径优美地流淌

唯愿我们所做的一切，

如同孩子眼中快乐的光亮，照耀他们的人生之路。

愿他们有朝一日走出大山，拥有更多完成精彩人生的可能，

开创属于自己的未来。

回望

生命中的二十四个月

回望这二十四个月,
看看做过的事,读读写过的文,
想想交过的友,念念动过的情,
我想,我是尽力了的。
对这段时光,我有用真心对待。

/ / /

离开甘南后,我多次在梦中重回那个群山环绕的小镇。

梦中的我,站在熟悉的街头,不识往来行人,四处打量着周遭的屋舍,陌生,无论如何都找寻不到居住过的小屋了。还有一次,我梦到了窗外的核桃树,那棵高高大大的核桃树,风吹过,鲜亮的叶子轻摆,簌簌作响,闭眼倾听,只觉天地间最美妙的声音也不过如此。

我极爱这棵核桃树,无数次,长时间坐在树下,目光越过对面的楼顶,与流转变幻的白云一起打发时光。或者在一个午后,看镇政府的朋友们打核桃。那时,许多人围在树下,将木棍、橡胶棒,甚至砖块向枝头扔去,运气好就会有两三个核桃掉下来。一帮人冲上去抢,抢到的欢乐,抢不到的继续抢,而像我这样的旁观者就在一旁笑。也有身手矫健、胆子大的，沿着树杈爬上去，挑一根细一点的枝子拼命晃，很多核桃哗啦啦落下来，连同之前扔上去被枝条缠住的棍棒。于是更多的人喊叫着围扑上去，更多的欢笑爆发出来。虽然我每次只是围观，但常会有人顺手送我吃。一个叫晶晶的小女孩儿，上小学六年级了，有天跑来我的房间，送了六颗核桃给我，并让我一下子吃完。后来当她得知我只吃了一颗时，不禁噘着嘴，一脸的失望。我告诉她，每天吃一颗，美好的感觉可以持续六天。她不理解，说自己一次可以吃很多。也有那么几次，在夜深人静的时候，我躺在床上，黑暗中想一些久远的事，偶有一颗核桃落在窗外楼下水泥地上，"啪"的一声，悦耳清脆。明天它会被谁捡走，又会滑入哪个口袋与腹中？这念想伴我坠入深沉的梦。

有时也会回忆起在甘南的那段时光，它以碎小瞬间的方式闪亮定格，并一个个涌向我。想起一个人走很长的路去任职的村子，道路两旁欢快的溪流以及远处被阳光撒上一层淡淡金黄的绵延不断的山；想起许多次骑摩托车沿着曲折环绕的盘山路进入大山深处，站在路旁向山下望去时，触目而来的壮美以及伴之而来的哀愁；想起自己对一盘绿叶菜的强烈渴望，最后竟通过吃三鲜馅儿饺子中的点点青菜达成心愿；想起大家夏日时在茂密森林与广阔草场"浪山"的情景，大块吃肉，大碗喝酒，醉卧于草地，醒来又是划拳碰杯，谈笑纵情，心无旁骛；想起山里孩子们可爱、羞涩的模样，以及双手接到礼物时眼中流露出的简单纯粹的欢喜；想起许多次师友们的到来，更想起任期结束返京前的那晚，与朋友们一次次地举杯，记不得饮下了多少酒，只记得情难自已，潸然泪下。

如何看待这段时光里的自己？

是否完成了应尽的责任？

这些念头冷不丁地蹦出来，当然，每次的结论也不尽相同。

理想，自然有理想的光芒，但现实，常会让这光芒暗淡。对一名挂职干部而言，既要尽力而为，更要量力而行。量力是前提，尽力是态度。不自量力下的尽力而为，是滑稽式的可怜与荒唐式的悲壮。这两年，为十多所乡村小学建立、完善了图书室，并提供了许多的玩具、文具、书画作品，为十余个村子建立了农家书屋，以及购置了健身器械、安装了路灯。做事时，困难如影随形，坚持与放弃，反复交织绕缠。深夜，在台灯下，信笔涂写，更多的词语竟然是时光。是啊，时光，属于我自己的时光，属于我自己的不可被辜负的时光。时至今日仍清晰记得路灯安好的那个夜晚，我们在一团漆黑中沿着盘山路爬行，行至拐弯处，抬头就看到远方高高的山腰处有一盏灯，灯光温暖明亮；再一个拐弯，满目光亮，黑暗，被彻底甩在了身后。"天上的街灯亮了"，脑海中反复回响这一句。所谓的蛮荒之地，所谓的穷乡僻壤，究其本质，都与黑暗紧紧牵连。如今，光亮洒满了这个高山的村落。抬起头，望向布满星辰的浩瀚夜空，群星明亮硕大，站立于街口，半是难自控的欣喜，半是难言的酸楚。

在小镇的日子里，我始终在学习如何独处。意大利导演费里尼说，独处是"人们嘴上说要，实际上却害怕的东西"，害怕什么呢？"害怕寂静无声，害怕那种剩下自己一人与自我思绪及长篇内心独白独处时的静默"。短暂时间内的独处，是自我内心与情绪的平衡与调适；长期的独处，则需要一种特别的能力。旷野无人，天地静寂，一人独坐，是独处；人来人往，众声喧哗，穿行于其中，却又与己无关，那一张张看似熟悉的面孔，陌生到难以听懂的语言，无不提醒着自己外来者的身份，这同样是独处。

关于独处，周国平也有讲过，人在寂寞中有三种状态：一是惶惶不安，茫无头绪，百事无心，一心逃出寂寞；二是渐渐习惯于寂寞，安下心来，建立起生活的条理，用读书、写作或别的事务来驱逐寂寞；三是寂寞本身成为一片诗意的土壤、一种创造的契机，诱发出关于存在、生命、自我的深邃思考和体验。对照之下，第二与第三种状态，我都占了，只是第二种状态多一些，第三种状态略少一些。

独处时的我，封闭内敛，沉默却日趋坚定。我会在核桃树下坐许久，大脑空白，无所事事；也会在午后或黄昏的暖阳中沿着河边行走，此时的自己同样会将大脑放空。有时会随手捡起一根柳枝在身前随意舞动抽打，只是那样走下去，再折回来，一抬头、一转身,碰到好的景致就停下脚步,欣赏一番后离去。甘南的天气多变,经常走不了多远就遇到落雨,于是匆匆跑回房间。待回到居住的小屋,关上门,只觉世界都安静了。鲁迅讲的"躲进小楼成一统,管他冬夏与春秋",说的就是我这种人吧。小屋不大,十平方米的样子,一床一桌一沙发一茶几,简陋温馨。我在里面居住、办公,一晃就是两年。斗室中的那个我,时常手插口袋低着头来回踱步,有时会思索一些事情,更多时候则无甚可想,只是那样反反复复地来回踱着。从入门处的书柜到窗台,正常六步走完,走得慢些则需八步。走久了,便一屁股坐在正对门口的那个砖头垫起的破败不堪的沙发上,整个人沉陷下去,接着随手取一本书读,再起身时,也不知时间又过去了多久。读书时,会泡一壶茶,或水仙,或肉桂,或滇红,慢慢来品。我有几把钟爱的壶,如梅桩、掇只、石瓢,建盏也有几只,以束口居多。极无聊时,会把所有的紫砂壶摆放在茶台上,分别放入不同的茶叶,再一一注满开水,盖上壶盖,用热水轻润壶身。对于它们,我是喜爱的,它们始终陪伴着我。在无数个深夜里,我们互相凝视,在孤独中,我们互相诉说,在陪伴中,壶身日趋透润,盏内五彩斑斓,它们如同我最亲近的朋友,以这种方式陪我见证并记录了这段时光。

  写到这里,我想起了与我朝夕相处同时也是命运多舛的那盆绿植。植物是小屋的前任主人留下的,初见它时,在堆满烟头的花盆中一副枯败模样。我为它更换泥土，每天浇水感受阳光，两个月后满盆皆绿，小屋也多了一分生机。春节后从北京返回，再见它时，上面爬满了白色的小虫，不管我如何照料，它仍旧是死掉了。几根干枯的枝条立于盆中，似乎在向我痛诉。我是自责的，每天仍旧会给它浇水，明知所做的一切徒劳，却从未放弃过对奇迹的期许。直到有一天，奇迹竟真的出现了，一枝幼芽从枯枝的顶端冒出，或是被我内心深处不屈不挠的祈愿打动。我将它放入土中，依旧每天浇水晒太阳。在一年多的时间里，它从最初的两片小叶，到六片，再到八片，茁壮成长。后来我再次返京，托人照看，不知被谁不小心碰到，根部脆断。"这是你的命运！"我心疼地对它说。我想扔掉它，但又鬼使神差地把它插入水中，它也鬼使神差般地生出了根须。我大喜，把它插入盆中，就这样，它再次回到了我的生活里。现在，我又离开了甘南，不知何时还能回去，也不知它现在怎么样了。

　　在小屋里的那个我并非总是安静平和，我做不到也不应该假装坚强，无视那些莫名的脆弱，我不能因为那段时光的远离而否认那些存在，因为那就是我。想起有次去麦积山，在一个洞窟中见到了释迦牟尼雕像，灯光下的佛祖正大庄严，一副慈悲天下的样子。他左小臂抬起，肘于腰间，手掌朝上，手指自然下垂，右臂微举前伸，五指略拢，手心下是自己的儿子罗睺罗。关灯后再去看他，却惊讶地发现光芒消散，此刻的他与其说是万人敬仰的佛祖，不如说是一个关心儿子的父亲。微光中的他双目噙泪，望向罗睺罗的方向，努力前伸的手掌停在半空，是一种爱而不能的状态。人前的风光气派，人后的黯然神伤，或许佛祖也是吧。

于是在某个甘南的夜，忽然就落下雨来，忽然就飘下雪来，而我，忽然就流出泪来。记得一个夜晚，女儿给我打电话，她的声音很低，对我说："爸爸你什么时候回来？"我不知该如何回答，只是安慰她说很快就回家。她问我为什么还不回来，我继续安慰她说很快就回家。她命令我早点回来，要在她第二天晚上入睡前返回，我安慰她说："好。"她让我保证，不许撒谎，我缓缓地说："好。"类似这样的情绪都在随后的某一天某一刻，突然化作眼泪，从心底涌出，毫无缘由，只是单纯地为了流泪而流泪。今日写下这段文字，不介意被误解为矫情，亦不会有难为情之感，我怀念那些莫名流泪的夜晚，因为那是自我情绪的梳理与平衡，我甚至觉得有泪可流是一件幸事。

很庆幸在自己的生命中有这样一段美妙的旅程，将我从固化的生活轨道中抽离，投入到充满新奇未知的世界。我知道，有些东西悄然发生了变化，我感受得到，并且欣喜于此。一位苏联作家说，如果不是把他拘禁起来，他是无论如何不会想到自己会成为一名作家的。而我如果不是到小镇任职，写作于我的意义可能要在多年后才能意识到。在小镇，我写下了很多文章，在文字中不断地确认着对生活的感受与认知。我还在这里完成了自己的博

士论文,尤其是在读到丁玲对中央文学研究所的作家学员们谈实践学习时说过的一段话时会心地笑了,她说:

我认为下去是换换空气,接触些各式各样的人,使生活开阔一些,是要去锻炼自己,改造自己,不要犯错误,不要留坏印象给人家,也不要像钦差大臣一样下去调查一番。回来能写就写,不能写也没有关系,总结一下经验,看是否比过去不同,有些什么收获,看一些新事物,也是好的。

在甘南待得久了,所做所行如丁玲讲的那样,整个人也越发松弛,随之而来的是长期形成的谨严有序如夏日冰雪般消融。

记得初到甘南时,朋友们带我四处游走。从未有过一次旅行如这般漫不经心,走走停停,停停走走,随心随性,不克制也不压抑自己的内心。被认真与一丝不苟过度训练的我起初多有不适,我不知道目的地,也不知道我会在哪个确切的时间以怎样的方式抵达。但最后,在这场旅途中,那些似乎已经印入我躯体的精确、秩序、规则等一一退场,我一点点地将早已攥紧多年的手掌伸展,并如同浸入水中的肉桂茶在松弛中日趋饱满,逐渐沉浸在由大概、也许以及模糊主导并由此而产生的愉悦中。的确,谨严有谨严的美,但散漫,也有其内在的难与人言的妙趣。也唯有散漫,能将自己丝丝缕缕地融入小镇的生活,学会在生活的内部去生活,破除刻板印象,重建对生活及世道人心的认知。这也是一个令我日趋沉默的过程,记不得从哪天开始,突然丧失掉对生活这份言之凿凿的自信,是生活教会了我谦卑。面对每天发生的生活事件与他人的言行,我不再像之前那样轻易断言,并以一种言之凿凿的姿态。所谓的悲悯与愤怒随时面临着转换,唯有小心翼翼地去表达对某件事情的看法。"不确定""可能性"突然变成了充满魅性的词语,如此迷人,一如海面之下的冰山,丰富巨大,耐人寻味。

在甘南的小山村待久了,气息似乎也变了,再回到北京也就有了陌生感与疏离感。有次外出购物,面对地铁与商场中迎面而来的汹涌人流,一时间竟有些惊惶,甚至有些畏惧。走在摩肩接踵的人群中,他们一个个经过我,仿佛带着巨大的声响,我第一次感到如此格格不入。回京后时常睡眠不好,辗转反侧难以入睡,每逢此时便格外想念那个遥远的小镇,想念那个窗外有两棵高大核桃树的小屋子。当我真正回到那里时,如同一株枯萎的植物被投入到清澈的泉水中,那些焦虑的情绪便会离我而去,我也会瞬间平静下来,失眠的症状也就顷刻间烟消云散了。

回望这二十四个月,从最初的新鲜感到中间的煎熬期,到适应期,再到最后的留恋不舍,一步步地走过来,不知如何评价与总结,只觉得竟然就这样过来了。看看做过的事,读读写过的文,想想交过的友,念念动过的情,我想,我是尽力了的。对这段时光,我有用真心对待。虽不是每天充实,但也不算虚度。遗憾总是有,但也没那么多。

记得春节回京后的一天下午,几乎每隔两个小时就会接到来自村里的信息,先是三点多钟,一个小伙子告诉我他的儿子昨天出生了,拜托我起个名字,算起来,这是第五个让我起名字的孩子了。后来五点与七点分别接到了两个老师的电话,其中一个要请我去家里吃饭,还给我准备了土特产让我带回北京,他说这都是他自己做的东西。我告诉他我要春节后回去,电话那头就没了声音。他说别人告诉他我只是回北京开会,没说春节前不回村里。我听到了他隐隐的压抑的抽泣,他反复说就一个春节,为何走前不告诉他。我跟他开玩笑说,等我回到镇上会第一个给他打电话,会带着二锅头去跟他喝酒,他才破涕为笑。离开小镇前的最后一个月,当地的朋友们开玩笑讲要用这一个月来欢送我,虽是玩笑,但他们真这样做了。等到最后离开的那天,几十个人聚在一起,朋友们带来了自己珍藏的酒。我不记得那晚喝过什么酒,也不记得喝了多少酒,只记得宴会到最后,跟朋友们频频举杯,接着一饮而尽。言语,已毫无意义。宴会散了,一帮人互相搀扶着离去,那个叫晶晶的小女孩儿掉泪了,我摸摸她的头,跟她说笑,而眼眶突然湿润了。当朋友们唱起"祝你一路顺风"时,我的眼泪彻底涌了出来,掩面,号啕,他们紧紧抱住我。我在很多很多年未曾有过的大声哭泣中感受到了这段时光的意义。

在这二十四个月的时光里,还有一件事是我必须谈及的。离任职结束还有四个月的时候,凌晨我从梦中疼醒。恰逢周末,没有电,房间冷得厉害,所有的一切都是冰凉的。我吃力地下床,摸索到桌上的手机,它也没电了。绝望在黑暗中蔓延,紧紧包裹着我。我用尽各种姿势缓解我的疼痛,结果都是徒劳,最后只好背靠墙壁蜷缩着身子,在疼痛中等待黎明与朋友的到来。两个半月后,疼痛再一次降临。这是另一种病症,它让我彻夜难眠,止疼药、止疼针也毫无作用。住院时,不能进食,不能饮水,每天只能躺在病床上,看不同颜色的药液通过红肿的手背流入身体,十天瘦掉十五斤。好在运气福佑,无须手术,躺过几天后,大夫允许我进食。一碗粥,一个馒头,一片面包,两份不过油的小菜。当我把它们一一摆放整齐,凝视它们时,我第一次对食物产生了虔诚之心与敬畏之情。我像一个一心向学的孩童般端坐在桌前,神情专注又认真,没有人可以打扰我,我缓缓品尝每份食物的味道,我充分调动我的味蕾,用心一点点地咀嚼,再将它们全部吃下,一点都不剩。其实,我所遇到的这两种病症在小镇很普遍,当地的朋友戏称它们为高原病。初时,年轻、健壮的我有些难以接受,疼时,也从未因此而对小镇与这段生活有所怨恨,我把它当作小镇对我节制欲望、善待肉身的劝诫,这注定是一分深刻而又深远的影响。从此以后,我因小镇而改变,而我的生命,也彻底地与小镇联系在一起。

  如今,这二十四个月终于过去,到了该说再见的时候了。难说再见,但是,再见。今天,我用这篇文章与生命中的二十四个月告别。此刻我又想起任职结束返京的那个湿漉漉的清晨，镇政府的小院里块块低洼地面雨水仍存，亮晶晶的。乡镇的朋友们帮我把行李从二楼的房间拎下来放到车上，我们在车前一一握手、拥抱，空气越发潮湿了。马强开车载我出镇，山路两侧熟悉的建筑、林木、河流慢慢离去，或者说是我正从它们的躯体中逐渐剥离。我的胳膊靠着车窗，手托着脸，一路无言。但这也正如马洛伊·山多尔说的那样：

有什么东西结束了，获得了某种形式，一个生命的阶段载满了记忆，悄然流逝。我应该走向另一个现实，走向"小世界"，选择角色，开始日常的絮叨，某种简单而永恒的对话，我的个体生命与命运的对话。

但我知道，不管怎样，从此以后的那个远方，以及那些远方的人，都与我有关了。

重回冶力关

离开的三年中,我回到小镇四次,
但每次待的时间都不长。
总会有许多人没有看到,
还有许多话没有来得及讲。

/ / /

四年前的一个清晨,我在冶力关镇政府湿漉漉的院子里与朋友们一一握手、拥抱告别后,踏上了返京的路途。车在静寂的山中行驶,清冷的空气从车窗的缝隙中钻进来,再钻进我的身体里。我双眼望向车窗外,任熟悉的景色从眼前一一滑过,我离它们越来越远,一言不发。

临行前,朋友们反复说着欢迎早日回来,有人跟我开玩笑不要把他们忘了。我微笑着一一回应。虽然我不知自己将会何时回到这里,但我知道我终究会回来,在将来的某一天。

我在这个名为冶力关的小镇待了两年。这里山势险峻,风光秀丽,历史上曾是连接东西、通衢南北的重要关口,也是古时进入藏区的重要门户,为兵家必争之地。自古以来,多民族活动频繁,留下诸多史迹典故、特色浓郁的风土民俗,以及源远流长的宗教文化。因与兰州交通便利，每逢夏季，便会有许多游客从兰州而来，所以被称为兰州后花园。两年的时间，这些山水风物，足以让我变成一个比较纯正的西北人。

离开小镇，重回之前的生活当中，七月的北京酷暑难耐，而我却肢体寒凉。我知道随同我一同返程的还有高原所赠与的一身湿气。我利用休假时间回到老家，每天端坐在烈日下，看着皮肤上不断渗出的带有凉意的汗珠，那是阳光正将我体内的湿气逼发出来。休假结束后，我回到单位上班，总是有些不适。尤其是起初的那段时间，即使每天没有多少工作，等下班时便异常疲惫，往往是到家便睡了。待我重新适应工作与生活的节奏，已是半年后的事情了。

再回冶力关是我离开十个月后，因为扶贫工作的缘故重回旧地。或许是离开时间不够久的缘故，竟没有那种特别兴奋的感觉。坐在中巴车上，与同行的同事聊天。随着熟悉的道路映入眼帘，随着熟悉的建筑不断闪现，我才发觉所谓的平静只是假象。我的手机不断接到当地朋友的信息，他们不断询问着我的位置，并且陆续发来图片，图片中有我住过的房间，有我养过的花，有我用过的物品，当然，更多还是他们计划招待我的羊肉与青稞酒。同事也看出我的兴奋，不断与我说笑。进山的路曲折迂回，我却丝毫感觉不到时间的漫长，时间在飞速地过去，同样飞速的是我的抵达。

一切都是那样的熟悉，我坐在车里，向窗外四处张望。桥，河，依旧，房屋、街道依旧，行人依旧。可下了车，走在小镇上，又会不时有惊喜。河面洁净、平缓了，河两岸的杂草杂物也不见了踪影，取而代之的是新铺设的四方砖块，小镇中心的街道铺设了柏油，平坦、开阔了许多，之前的风沙漫天将不复重现。

到小镇，安排好住宿，接下来的第一站肯定是要去村子的。夏镇等人早就站在村口的石桥边。夏镇是包村的镇领导，个子中等，方脸，话不多，与人对谈时，若是紧张便会不停地搓手。印象中他常年衣着单薄，即便是冬天，也无非是穿件毛衣，大衣从未见他穿过。他的媳妇是藏族人，据他亲口讲，能够得到岳父的认可，也是费了很多的心血，当然，酒肯定没有少喝。这两年，夏镇把家里的房子重新装修，做成了农家乐，旅游季时客人不断，一家人的生活日益好了起来。

进到村子里，街道齐整、洁净。村口的几面白墙被当作画板，涂满了油彩。左边墙面第一幅油画展现的是洮州卫城全貌。洮州卫城位于新城镇，最初取名侯和城，后更名洪和。从那时到朱元璋建立大明帝国，洪和城在一千多年里总是朝夕易主，吐谷浑、吐蕃的战马不时驰骋于洮州地面，扬起战乱的烟尘。明洪武十二年，西平侯沐英征服了盘踞洮州的元朝残余势力，建立了洮州卫，并将破败不堪的侯和城予以重修扩建，老百姓便称其为"新城"。还有一幅油画，是洮州"尕娘娘"日常生活的真实写照。"尕娘娘"指的是生活在临潭中西部的汉族农家妇女，她们格外注重"女红"，除操持家务外还要进行农业生产，因而服饰简单宽松，其特点是下摆大，开衩高，宜踞宜蹲，起居方便，宜内宜外，是集裙衫于一体、袄袍于一炉的款式。

在这些油画当中，最打动我的还是万人拔河的场景。临潭县素来就有"万人拔河"的传统，"万人拔河"也叫"万人扯绳"，从明初延续至今，已有六百多年的悠久历史。活动每年农历正月十四、十五、十六日晚上在县城举办，这个时间，恰逢村子在举办群众性演出，有秦腔、群众歌舞等，一直到正月十五元宵节为止。所以，我一直都没有机会亲眼看见拔河的盛况。反倒是在小镇上观看过国际拔河赛，当我看到运动员身子与地面倾斜成三四十度，整齐划一时，我不禁想起平时的拔河比赛是多么的业余。

"万人拔河"赛每晚三局，三晚九局，全县群众不分男女老少，不分汉、回、藏民族，参加人数达八万余人，其规模之大，场面之壮观，人数之众多，令人赞叹不已。赛前各自将绳捆扎成头连、二连、三连、连尾（俗称双飞燕），扯绳总长1808米，重约8吨。"万人拔河"活动在参赛人数，扯绳的重量、直径、长度上不仅是历史之最，也堪称世界之最，现被列为甘肃省非物质文化遗产名录，已载入上海吉尼斯世界纪录。"万人拔河"一根绳、一条心，仿佛让我看到了当地人粗犷与豪放，听到了他们渴望丰衣足食、安居乐业的心声。

漫步在村内的每条大街小巷，与迎面而来的熟人打着招呼，满眼的浓浓绿意让人留恋。这已不像是西北的小山村，呈现出的是小桥流水，庭院整洁、别致意境的草原深处江淮人家。

在我结束任职至今的三年多时间里，我先后返回小镇四次，在我的印象中，似乎每一次回到那里都要下雨。第一次是这样，第二次看似天气不错，同事问我会不会下雨，我说很有可能，他不信，但没多久果然就落下雨来。第三次同样如此。第一次的雨格外大。记得深夜十点多，我跟镇上与村里的朋友一起闲谈，屋外雷声大作，雨点敲击着玻璃噼啪作响。似乎每一次小尤都会在半醉半醒之间断定这是我最后一次回到这里，我当然是否认，但是他总是坚持，一边饮酒一边说我将会忘记这个地方。

每一次回到小镇都会见到我的朋友们，他们大多比我年轻，无论男女，同样的性格可爱，朴实敦厚。我初到镇上时，接触最早的有两个人，一个是小岳，一个是小马，他们俩经常陪我走路，介绍一些风土人情，或者周末的时候约我到河边打桌球。小岳圆脸，身形略胖，无数次跟我讲过要减肥，但始终不见有变化，反而更加发福。在我第二次返回小镇时，接替我任职的同事跟我开玩笑，说小岳会吃又能吃。小岳听了憨憨一笑，说同事的手艺好，吃的次数多了，长了很多肉。

小岳是天水人，起初做导游。2012年带着旅游团来到冶力关，见这里山清水秀，民风淳朴，于是两年后通过考试成为镇政府的一名干部，并娶了一个当地姑娘成家，现在女儿嘉宁都5岁了。我曾问过他最艰难的时刻是怎样，他告诉我是初到冶力关参加工作的一两年，远离了家乡与亲人，租房、自己带孩子，融入的过程很辛苦。这些年，他的主要工作是扶贫与环境卫生整治，每一步都艰难地向前走着。让他开心的是，随着时间的推移，他慢慢有了朋友，这些朋友可以分享他的喜悦，倾听他的痛苦。在工作中，他与当地群众的关系也慢慢地越来越融洽，得到了很多的支持与配合。

几乎每次回到小镇，小岳都会给我讲小镇的变化。有些我看得到，有些听他讲过再次看，果然如此。这些年，小镇的环境卫生发生了很大的变化，修建了景区环线路，红色路基看起来非常的漂亮。

农家乐进行了统一规划升级改造，外观上，铁皮凉亭换成了仿古木建筑凉亭；内饰上，大多数农家乐都重新进行了装修装饰，昔日不带独立卫生间和洗澡间的普通间变成了现在的标准间，饭菜从有什么吃什么到吃什么有什么。农家乐经营户的服务理念和经营方式也发生了很大的变化，游客不仅来自兰州，甘肃省内其他地区，以及陕西、宁夏、青海、四川等地都有人慕名而来。

小岳的工作也收获了许多成绩，他自豪地告诉我，他帮扶的贫困户的思想观念发生了很大的变化。这些年，有两个家庭里面的大学生毕业后找到了工作，还有一家经营起了小卖部，两家养殖猪和羊，每个贫困户的主要劳动力都能够掌握一门劳动技能，家庭可支配收入逐年增长。不过由于他平时工作忙，又经常加班，少有节假日，所以家人有时不理解，会有埋怨。但这似乎是个许多人理性上理解，感性上难以接受的难题，我唯有鼓励他。

在我结束任职三年多的时间里，先后回到小镇四次，可无论待多久，总感到时间短暂。总会有许多人没有看到，总会有许多话没有来得及讲。往往在我离开后，不断接到当地朋友的电话与信息，他们或惋惜遗憾，或生气质问，而我只好不断地表示歉意。

回到小镇，时间总是过得太快，到了分别时刻，时间如同凝滞，连返程的车子都变得缓慢。每一次离开，都会有很多朋友相约来送行,我与他们握手告别,一如四年前的那个清晨。不过,再也没有那么多的不舍与留恋,因为我知道,我还会一次次地回到这里,回到这个在我生命中留下深深印记的山中角落,宛若归乡。

在群山之间

我远离了北京,甚至远离了文学,
这也让我跳出固有的生活轨道,
去审视之前的生活与自己。

///

一

在脱贫攻坚这场艰苦的战役中,我们终于赢得了最终的胜利。回想走过的路,我们一步步完成了消除绝对贫困的艰巨任务,可谓不平凡,不容易。八年来,我们有9899万农村贫困人口全部脱贫,平均每年1000多万人,相当于一个中等国家的人口脱贫。832个县摘掉贫困的帽子,12.8万个村彻底摆脱贫困,贫困人口收入水平有了显著提高,全部实现了"两不愁三保障",从此之后,他们不再愁吃、愁穿,他们的义务教育、基本医疗、住房安全都有了保障,连同饮水安全。这的确是人类历史上的伟大壮举与奇迹!这些年我在甘南藏区做过两年"第一书记",亲身参与到脱贫攻坚的进程中,我还去过许多的贫困地区,尤其是为了拍摄《扶贫路上的文学力量》专题片,我先后去到宁德、大凉山、遵义等地。当我踏上那里的土地，面对图片与影像中的往昔样貌，再对照如今这些翻天覆地的变化，当地群众的神情与欢笑可以让我切身体会到他们的获得感、幸福感与满足感是如何增强的。在宁德下党乡，当地人告诉我，他们以前有"三怕"，即怕生病、怕养大猪、怕挑肥料。因为交通不便，所以生产与生活特别困难，现在的交通有了极大的改善，当地人再也无须为"三怕"担忧了。我还在香格里拉的巴拉格宗见到斯那定珠，这是一个带有传奇色彩的彝族汉子。朋友带我坐车沿着曲折的山路进入大山腹地，在那里，他跟我讲了很多过去的事。斯那定珠身形高大，皮肤黝黑，眼神坚毅。他小时候眼睛受伤，父亲带他走了四天才到县医院，结果已经没法医治，后来他跟父亲讲，我一定要修一条路到我们的村子。等到十多岁时，斯那定珠外出闯荡，渐渐闯出了名堂，90年代时他已拥有千万家产。斯那定珠没有忘记自己的承诺，下定决心为家乡修出一条路，他也果真修成了一条路。不过他也苦笑地跟我讲，我只知道修路花钱，哪里知道维护的费用竟然也特别多，所以到现在他还欠了不少的外债。

前不久，我参加了全国脱贫攻坚总结表彰大会，这是一次盛会，三千人在人民大会堂二层集体合影后，下楼前往会场开会。整个会场气氛庄重又热烈，与会者都是脱贫攻坚的亲历者、参与者与见证者，在我的身边，有人满目含笑，有人双眼含泪。当我看到会场大屏幕闪现出一幅幅亲切熟悉的画面，当我看到张桂梅老师坐在轮椅上缓缓出场接受表彰,当我听到身后文旅部的朋友已七十岁还申请去扶贫,并且做出了很大的成绩,这些都让我深受触动。在这场脱贫攻坚战役中,我们还有1800多人牺牲在一线,我身边是一位牺牲同志的爱人,她的眼神沉静又黯然,她的状态是游离的,她在思念什么?她在想念什么?我不敢想下去。牺牲的这些人也是父亲、儿子、母亲、女儿,在我看来,他们是这个时代的英雄,平凡又伟大。我们不应该忘记他们所做的事情,我们要永远怀念他们。

当我拿到全国脱贫攻坚先进个人的奖牌与证书时,我为自己能够以微薄之力投身时代的发展,推动国家与社会的进步而深感荣幸,对个体生命而言这是颇有意义的事。领取表彰后,我收到了很多师友的祝贺与鼓励,深受鼓舞。同时,我也知道,这个奖不仅是给我个人,更多是对作协人扶贫工作的肯定。在这场战役当中,我们作协人、文学人始终在场,并没有缺席。这些年,一个又一个同事去到帮扶的地方,踏实工作,默默奉献。当有朋友向我祝贺并致以敬意时,我深知不敢当,而那些伟大、崇高一类的词语更是谈不上。工作总是需要有人去做,只是我碰巧就是那一批人中的一个。我甚至觉得,荣誉与挫折,虽然形式不同,但带给个体的意义与价值都是同等的,在它们面前,我们都应该认清自身,认准定位,认识差距,认真工作、生活。

二

　　临潭县是我所在单位1998年开始对口帮扶的贫困县，地处甘肃省甘南藏族自治州。提起甘南，很多人都会想到那是一片令人神往的雪域圣地，那里的藏地风光令人赞叹，像扎尕那、阿万仓草原、拉卜楞寺、郎木寺等等都吸引着无数游人前往。临潭县汉族人口居多，其次是回族、藏族等民族，我所在的冶力关镇，周边是藏族乡镇，镇上居民却是汉族为主。全镇人口一万多人，九个行政村，池沟村是其中一个。在临潭县境内，冶力关是一处美丽的地方。冶力关镇的平均海拔相比县城低一些，2300—2600米之间，那里有山，白石山是整条秦岭山脉的起点，我跟当地人讲过很多次，后来他们发展旅游的时候，就注重加大对这点的推介。那里有湖，天池冶海是安多藏区三大圣湖之一，有林，国家级的森林公园，还有原始森林，因为这个缘故，它被评为ＡＡＡＡ级国家景区。

　　但是它的另一面是什么呢？

　　当地的天气，总结一下无非是两种，一种是冬季，一种是大约在冬季。高原常年低气温状态，排汗困难，水质也不好，所以容易引起代谢紊乱，痛风与胆结石是当地的常见病，两种被当地人戏称"高原病"的症状。

镇政府门口有一个菜铺，老板是一个天水来的小伙子，我们常聊天，他有次从邻县进菜回来，一边卸菜一边大声跟我说，这是个神奇的地方。我一惊，以为他会讲出什么奇妙的故事，他接着说，这里啥都不产啊！尾调拖得长长的。的确是，当地的蔬菜都是旁边的县城运来的，我刚到那时，差不多一个月的时间没有吃到绿叶菜，那是我人生中第一次对绿叶菜充满了极度的渴望。我在甘肃的两年，似乎品尝了几十种面食，每天晚餐千篇一律是面食，各种面食，好在我是喜爱面食的，所以竟没有厌倦。

作为中央选派的第一批"第一书记"，我刚到镇上报到时，一方面是可能没有协调好，另一方面也可能是当地对我的认知是陌生的，后者的可能性更大一些，所以他们也不知道如何安排我。同事在陪了我两天后，跟我讲他得回去了。我一听就急了，我说你得把我安顿好了再走啊，还有住宿费你得给我多交两天，万一他们不给我地方住，我不还得找地吗？他说不行，因为违反规定。当时我气得要死。等到了晚上，实在没办法了，他跟我讲明天我带你去镇政府，无论如何给你安排好了。于是第二天，我们就去了镇政府，他们恰巧有一件十平方米的办公室，里面有一张破床，一个砖头垫起来的破沙发，还有一个旧桌子。从此，我就在那住了两年。两周后，一个副镇长见我的床实在没法睡，就给我买了一张床，但是睡了两天，床板塌了，我就用砖头垫起来睡。

上午安顿好，下午就去了村里报到。村委会的二层办公楼孤零零地竖在村口，村干部介绍情况，我一句也听不懂，我基本上用了七个月的时间才听懂他们的话，并且正常与他们交流。第二天一早，同事返程，我一个人无事，就在街道上走。那天是个集市，桥头上人来人往，叫卖声、喊话声此起彼伏，异常嘈杂。我是一个外来者，体会到真正的格格不入的感觉。那天我一个人沿着河边走了很久，到了黄昏的时候才回房间。2017年我结束任职后，随后的三年我回去过四次。每次都会面临与在那任职同事的分别，我记得有一次，当我们的车从镇上离开，同事穿着厚毛衣，站在我们车前，眼眶都是湿润的。等到又换了新的同事接替他，他在报到当天就哽咽了，我们走时，他又落泪了。我想起这些，也会想到某些人听到后可能会笑，其实许多人很难体会到那种内心的情绪，那是一种被世界所抛弃的感觉，如果下一场雪，大雪封山，便会觉得被世界所遗忘。

三

脱离北京的熟悉轨道，一下子扎入最基层的西部山村，面对新的职务与身份，我时常问自己我要做什么、我该做什么、我该如何去做。坦白而言，自己并无特别清晰想法，任职前与一个做过乡镇书记的朋友聊天，他曾经给我提出了不少建议，其中一些被验证是非常有效的。我也曾看过一部反映"第一书记"生活的电视剧，启发性也有一些。我也曾多次与镇、村干部交流，问他们需要我做些什么，他们让我先适应，多走一走，看一看，建立直接的感受，具体的要求他们是讲不出什么的。其实他们也不知道我能做什么，所以也就提不出什么具体的要求。于是我每天骑着摩托车，在镇里四处转，跑遍了全镇所有的村，很快熟悉了当地的情况。我有时因为路上无人，摩托开得很快，有两次在盘山路上开得快了些，差点冲下去，大叫着好歹刹住。现在回想起来仍心有余悸。当时的镇领导也顾不上我，他每天忙着工作，迎接检查，忙着陪同各地领导视察。冶力关镇是景区，每年七、八、九三个月的检查特别多，游人也多，但一过了这三个月，就立马变得安静萧条。我刚去的那段时间，晚上回到住处，经常会看到镇书记站在核桃树下，一手扶着树，一手叉着腰，他的这个形象深深地印在我的脑海里。见到我后，聊了几句，就会说：可把我忙死喽，怎么办着呢。

在村里工作，起初是极其不适应的。基层工作首先是被动性强，仿佛如同神经系统的末梢，永远是忙不完的任务与检查，一切都是变化的，而非确定的，对我这种比较严谨的人而言是一种巨大的挑战。就像乘坐飞机，有人在起飞的时候身体是紧绷的，但当你的身心处于这种状态的时候，你会发现当飞机遇到气流的时候，心脏晃悠悠的不舒服，可当你彻底放松，像一摊水一样与座椅融为一体时,你会发现就没有那么多的不适。当地人的时间观念不强,工作过程中如此,开会定好的时间,永远都是缺人与迟到,规定好几点出发,往往是我一个人提前到。当地人常说一句话:就来了。但是这个就来了,到底是何时来,是立刻、马上,还是十分钟、二十分两个小时,谁也说不准,可慢慢也就适应了。

农村的烦琐事情多,解决时间长。村里、镇上往往会花费很大的力气放在鸡毛蒜皮的小事情上,但是这又不是小事情,往往容易变成难以估量的大事与坏事。在村里工作,会让人变得谨小慎微,所谓的那些自以为是的准确判断,往往都会变成难以收拾的结果。我只好变得耐心,再耐心,尤其是涉及村民利益的事情,要反复地持续地沟通,跟爹讲,跟娘讲,跟儿子儿媳讲,与对方一家人都讲过才算圆满结束,否则他们会不断地来谈。在村里工作,还有一个不适应的地方是饮酒,喜事喝,白事也喝,开心了喝,生气了也喝,似乎饮酒是一种生活的状态,并且时常是空腹饮酒,有几次深夜我被强行拉去,起初我碍于情面,后来也就委婉却坚决拒绝了。

在村里工作,正赶上易地搬迁,当地政府将两山之间的平地处做好规划,村民抓阄确定自己的盖房位置,从山上搬下来居住。易地搬迁是一件快速脱贫的有效办法,搬到山下的村民,一方面生活质量得到改善,但另一方面也会带来很多的不便,譬如要花费更长的时间去种地,譬如山下无法养牛、养羊等等。也需要村干部不断地去做工作。那段时间,正是脱贫攻坚的关键阶段,经常有各种各样的报表需要填报,但是如果有一丁点的错误,就要不断地去重新填,重新报,这是一件极其辛苦的事情。在这样的情况下,熬夜是常有的事,深夜开会也是常有的事。有几次凌晨,我都睡下了,还听到有人散会下楼,夜深时刻,脚步声格外的清脆。

在村里,我做了一些事情。我走遍了全镇的村小学与幼儿园,这些孩子大多是留守儿童,面对教学设施的陈旧,教学物品以及玩具的缺乏,我发出了一个助力乡村教育的倡议书,这个活动持续了一年。去年年底的时候,我还联系一个煤矿企业给村小学的孩子们捐赠了三百多套冲锋衣。十年树木,百年树人,这些工作的成效需要很久才有可能显现,需要全社会持续不断的关注与支持。当下很多公益性的助学活动,容易存在一个问题,那就是好心不见得一定做好事。比如我们都喜欢捐赠图书,可是我们要知道幼儿园、小学甚至初中生是很难读懂那些大部头的世界名著,你认为自己做了一件好事,其实是无用功。还有就是当你捐赠衣物的时候,要么就是新的,要么就是至少九成新,否则人家不会要的,这也是为何很多学校物资积压成山,因为无人领取。我在村里时,大概有上百人去到那里,大部分是作家朋友,有很多作家朋友是组团去,最多的一次有近四十人,在整个助学活动当中，他们献出了自己的爱心，捐赠了大量的物资给我，最多的一天我收到了90多个包裹，是用村里的三轮车拉回去的。我们单位也有很多领导、同事给了我很多的支持，这些都让我非常感动，倍感温暖，所以我才会真心觉得自己所荣获的"脱贫攻坚先进个人"称号是大家共同努力的结果。

在那里，我一方面注重物质的帮扶，另一方面发挥自身的优势，注重文化建设。譬如文化墙、文化广场、文化书屋等等，并请很多的书法家提供上百幅书法作品，悬挂在学校、村委会、书屋等等公共场所。我们村口有一面墙，上面有几个大字——中国乡村旅游模范村，是单位领导题写的。我还把全镇爱好书画的人组织起来，成立了书画协会，选举了会长、秘书长，让他们定期组织活动，也把全国十个藏州的文联负责人请到冶力关参观，让他们提供帮扶。当然更多的还是请作家们书写当地的世情民风，在报刊发表。

我还经常会谈到为山上的村民安装路灯的事情。池沟村面积很大，如果靠走，山上山下要走一天。有次镇领导带我上山，不一会我就问他，这是哪里？他说你们村的，我过会又问他，这是哪里？他依然说你们村的。村里的耕地少，但是草场的面积大，大多是高山草场，七八月时，牛羊满山，村里还有一个鹿场，只是可惜有次围栏破了一个洞，鹿群跑了出来。池沟村在山上还有两个社，几十户人家，每到天黑的时候，山上便会黑漆漆一片，伸手不见五指。后来我跟村民讲，我们安装些路灯吧，他们自然是高兴的。于是我跟领导申请了经费，为他们安装了四十盏太阳能路灯。路灯安好的当晚，我去了山上，村子很明亮，很多村民站在路灯下聊天，我沿着路灯行走，那一瞬间的内心情感是很复杂的，有欣喜，还有难以名状的酸楚。

四

回望这段岁月，我愈发坚定认为这是一段难忘的经历，对我的人生产生了很大的影响。

我远离了北京，远离了单位，甚至远离了文学，这也让我跳出固有的生活轨道，去审视之前的生活与自己。这让我获得了重新反思生活的机会。在小镇上，我经常会想一个问题：生活的本质是什么？应该是怎样的？我应该去过怎样的生活？这个问题也始终伴随着我，我没有办法去无视它，甩掉它。我后来之所以写了一些文章，其核心也是我对生活的一种思考与表达。什么是生活？每个人都会有自己的答案。任职的两年时光，我认为我从生活的表面融入到了生活的内部，我学会了在生活的内部去生活，我甚至觉得我之前是在活着，而不是生活。我们常常用顺其自然来自我安慰，其实更多是一种被动的而非主动的，是顺从的而非努力的，是焦虑的而非坦然的一种生活状态。镇上的年轻干部很多，大多是"八五后""九〇后"，他们似乎过早地看清了生活的真相，他们说自己是瓶子里的苍蝇，前景光明，却又无路可走，我有次给他们做讲座时批评他们，如果都要过完这一生，与其在唉声叹气中，为何不对自己负点责。我们对生活的不满，对自身的不满，只是因为我们的目光总是向外，而非向内，关注的永远是自己与别人的荣耀的差距，而不是自身点滴的进步。对生活敬畏，永远量力而行，尽力而为，不做空谈客，而是做一个始终努力生活的行动者，这段话同样适用于我。

在这段岁月中，我获得了与孤独和谐共处的能力。孤独是什么？孤独是一种每个人嘴上说要，内心实则抗拒的东西。面对孤独，有人无法忍受，有人以不同的方式选择对抗，也有人沉浸其中，享受孤独，并从中找寻诗意。在那个小山村里，在那个遥远的小镇上，我时常是一个人，孤独是从始至终伴随着我，让我不得不去与它相对相处。起初，我也尝试过用不同的办法去与它对抗，譬如努力工作，但是劳累舒缓不了那种情绪，譬如与当地朋友或者远方来的朋友一起喝酒游玩，但是欢乐之后是更大的空虚，有时周末整个大楼只有我一人，凄风冷雨夜，很是抓狂，于是喝酒，借助酒精的麻醉入睡。后来觉得这都不是办法，于是我试着与它相处，有时外出走路，或者骑着摩托车进山，有时在房间喝茶，看书，写字，赶上停电，就点一根蜡烛，与孤独的相处，实则是内心逐渐沉静下来的过程。等到后来我再遇到一些封闭性的学习也好，工作也罢，我都会迅速地进入状态，这是那两年的生活所训练出来的结果。

具体在工作上，我还培养了自己的逻辑能力。当我在北京时，很多工作是全国性的，但我思考的更多是做事的方式、方法，当我身在基层时，每天面对无尽的烦琐问题，我考虑更多的却是方向、原则、指导性的思想，我将这归为"道"，而我之前的很多行为属于"术"，在任职过程中，我学会用道去驾驭术。当自己从术的思维中跳出来，就会从众多的琐碎杂事之中跳出来，并且试着借助一条线将这些杂事归纳、分析，不再沉浸于事务性的工作中，这改变了一种现象，那就是心中一团火、脑中一团麻，做事一团乱、心情一团糟。这种思维方式也影响了我的文章的风格，我越来越不喜欢漂亮的但是空洞的文章，我会看文章的核，看作者的思想、思维，看作者如何用最准确的，而非一味堆砌的词语的表达，那些同质化的学术类文章，我现在不太想读了。

随着思维的转变，发现自己解决复杂问题的能力也有所提升。我的眼光不会仅仅局限在小事情，学会了抓主要的矛盾。在这种成长当中，也有一些体会。譬如，要担当。有时候需要我做决定，有些决定好做，有些难一些，避免犯错误，需要反复地思考、推演，但决定做了就去执行，在基层，学究气终归是不行，起初待人接物彬彬有礼，反而工作推进得慢，有些话也没人听。

后来性格变得强一些，有时也会批评人，加上做了一些让他们满意的事，也就慢慢得到了认可，工作开展得顺利了很多。

当然，我还收获了很多情谊。当地人重情重义。他们说最大愿望就是把我灌醉，然后抬着我穿过小镇的街道，往我宿舍的床上一扔，当然他们没有成功，我不知道接替我任职的同事有没有满足他们的愿望。每次回去，他们都会宰羊款待。去年回小镇的途中，他们不断发来照片给我，说酒已倒满，肉已煮上，就等见面了。

经过在甘肃的两年，我想我们这些从事文学工作的人，真正要深入生活才能真正做好文学工作，才能真正写出让人信服的、有见地的文字。作为个体而言，我们终其一生都在努力去做一件有价值有意义的事情，而自己专门用两年的时间专心去做一件在我看来是非常有价值、有意义的事，虽然有付出、有代价，但终归有许多的收获。

当我踏上那里的土地,面对图片与影像中的往昔样貌,

再对照如今这些翻天覆地的变化,

当地群众的神情与欢笑可以让我切身体会到他们的获得感、幸福感与满足感。

当时

初见

一个个的拐弯，有着相同的样貌，
一个个的高坡，有着相似的坡度，
看似很近的路，却需要向相反的方向行驶，
再迂回前行，如同人生。

/ / /

2015年7月27日，我离开北京奔赴甘肃省甘南藏族自治州临潭县冶力关镇池沟村开始为期两年的"第一书记"生活。

早晨六点起床，六点五十分下楼，七点乘车去机场，七点四十分到达机场，九点登机，九点四十五分飞机起飞，两个小时后抵达兰州中川机场，十二点从机场出发，十七点四十分到达冶力关镇，十八点三十分入住，二十四点入睡。

当天发生了一件有趣的事情。同事在同一个航班上遇到了在侨联工作的朋友，得知他也要去甘肃任"第一书记"，便问他去哪个村，答曰高官村。听到如此惊艳的名字，众人先是一愣，接着同事忍不住转身跟我开玩笑说："你看看，你看看，人家是'高官'村'第一书记'，再看看你。"他的话惹得众人大笑不已，我也只好跟着乐。

第二天很早就醒了，扭开水龙头洗漱，满手冰凉，不敢刷牙，只草草抹了把脸便关门下楼。站在酒店的大院里，四周高山，正前方的山腰处，白色的房屋在云雾中隐现。那会不会是我任职的村子？我要不要自己先去看一看？这个突然冒出的念头一旦闪现就变得格外坚决。

我向打扫街道的大姐询问村子的位置，她的回答简单明了："直着走下去就到了。"再问她所需的时间，答复说半个小时足够。看她轻描淡写的神态，又见离吃早饭的时间还远，我便扭身上路了。后来才发现事实并非如此，小镇距村子有四公里远，看似不长，可真走起来是要费一番时间的，加上腿伤未愈，又是上坡路，所以速度略慢一些。由于担心耽误上午的活动，中途有两次想过返回，但旋即否定，虽说是临时起意，可毕竟是第一次去，怎能轻易半途而废？

去村子的砂石路不宽，蜿蜒向前，两旁杂木丛生，稠密绵延，透过枝叶的缝隙约可见河渠流水，哗哗声于清晨听来分外悦耳。不远处群山逶迤，安然静卧，微光映照山尖，现出一层淡淡的金黄。我在这景色中用掉四十多分钟才到村口，这也是我任职期间唯一一次从小镇徒步进村。一幢红白色的二层小楼孤零零地立在村口，在青山与白云的映衬下显得安然又静穆。走近一看是村委会，一层三个房间都已锁住，隔着门缝看到里面摆满了杂物；二层是办公场所，同样也被锁住了。沿着村委会旁边的胡同往村里走，两边的房子多是徽派建筑，粉墙灰瓦，错落有致。我走了一小段就折回了，心想这就是了，村子面积不大，整齐干净。

现在想来，当初的感受太片面，我所去到的地方仅仅是村内一处小小的搬迁点，要想把村子转完，没有一两天是不行的。池沟村在群山之中，流水穿村，现有住户二百五十六户，一千一百余人，村民的祖先在明代时从江淮地区迁至此处。从人数上看，村子的规模不算大，但是村民居住地之间的距离远，并且占地面积大，不仅有耕地，还有大片大片的高山草场。时常随干部上山检查卫生，车开出许久后，问所在位置，答复大多是池沟辖区。

池沟村在冶海天池脚下，当地人称冶海天池为"常爷池"，相传因明朝将军常遇春在此饮马而得名。它是一处天然的高原淡水湖泊，湖面海拔两千六百多米。冶海天池是安多藏区三大圣湖之一，藏人称它为"阿玛周措"，即"母亲圣湖"。每月的农历十五这天，会有许多藏人从各地赶来，向湖内投掷五谷，高撒风马祈福。冶海天池不仅风景怡人，也充满了神秘感。据当地人讲，冬季时，因湖面结冰，冰面会现许多千奇百怪的图案，这被称作"冶海冰图"。这一神奇的现象吸引了很多游人来参观，当地人也会来参观，不过他们寻找的是那些五谷的图案，并通过这些图案的多少来预测来年庄稼的收成。虽然冬季的冶海天池会结冰，但毫不影响它向下游的流淌，水温也不似夏日清冽，反倒有丝丝温热，热气腾腾。两岸的高山上常有枯枝落入冶海天池，若赶上下雨，枯枝会根根直立，如同插入水中，问及原因，被问者皆摇头。

全国共有十个藏族自治州，其中六个在青海，两个在四川，甘肃与云南各一个，它们南北列布，在地图上如同一条长长的粗线垂直下来。甘南州成立于1953年10月1日，地处青藏高原东北边缘与黄土高原西部过渡地段，辖七县一市，临潭县是其中之一，也是所有县市当中面积最小的一个，但是人数却是全州前两名。全县海拔从两千二百米到三千九百米不等，平均海拔在两千八百米左右。在全县十六个乡镇中，冶力关镇一万多的人口数量与得天独厚的景区优势在全县排在前列。当然，所谓的前列只是相对而言，自然条件的恶劣、经济发展的落后，都让它很难在短期内摆脱多年贫困烙下的印记。因是景区，镇上的生活花费比较高，尤其是蔬菜、水果，感觉与在北京的一般性花费相差无几，甚至有些水果还要贵一些。这边青菜很少，多从邻县输入，价格高一些也就不足为奇了。一个从天水来到镇上开菜铺的小伙子与我闲聊时开玩笑说："咱们甘南真是个神奇的地方，啥菜都不产。"

小镇上最多的是面食，街道两旁挂满了各种面食招牌，譬如拉面、面片、白水面、浆水面、臊子面等，牛羊肉也多一些。在甘肃的两年，吃过几十种面，吃过许多鲜美可口的牛羊肉，所以离开甘肃的我，对许多的面与牛羊肉失掉了兴趣。有时也会吃到牛羊肉，但其口感较少能让我提起兴致。

在小镇，面食与肉吃得多了，就格外期盼可以吃到一盘绿油油的青菜。镇政府有食堂，只有周一至周五的中午与晚上提供饭食。午餐往往是四菜一汤，以川味为主，每个菜都加了很多辣椒；晚餐则为雷打不动的面食，面片、面条或者炒面，辅以一盘凉拌黄瓜，几瓣大蒜。用餐时八九个人围成一桌，边聊边吃，赶上吃面条，满桌吸溜声此起彼伏，提醒我早已忽略掉的那件事实：吃饭是一件极其幸福快乐的事情。还有一些条件更艰苦些的乡镇，全乡镇也就一两家饭馆，点菜是不用想了，基本是饭馆做什么就吃什么。若在食堂用餐，也是每人一个饭缸打饭后蹲在墙角、树下吃，饭桌是没有的，有时去晚了连饭菜都被吃光了。赶上有重要客人来，都要驱车一起去别处吃饭。

与甘肃省的地形相似，临潭县也是狭长模样，冶力关镇在整个县城的尾端，距离兰州近一些，有一百六十公里，正常车程两个半小时。从冶力关镇到临潭县城的距离是一百零几公里，车程也是两个半小时，如果从林区穿行，可节约半个小时的时间，只是那是条盘山路。平时我很少去县里，除非有必须参加的重要会议。记得有次去县里开会，早晨七点出发，走的是林区的路。这条路被大山与森林环绕，起初道路平坦，车外空气清新，鸟语花香，我还有心思与司机师傅闲谈；待进入坑坑洼洼的碎石铺就的环山路，欣赏风景的心情一下子就黯淡了，连刚吃下的早饭仿佛也要被颠出来。司机见我紧紧抓着车门把手沉默不语，笑着问我是不是第一次去县里，我冲他笑了笑没有回答。他冲我笑着说习惯了就好了。这条路绝大部分依山而修，一边是山，一边是深沟，曲折往复。一个个的拐弯，有着相同的样貌，一个个的高坡，有着相似的坡度，看似很近的路，却需要向相反的方向行驶，再迂回前行，如同人生。坐在车里，时冷时热，开着车窗，风吹来滚滚尘土；关上车窗，尘土的气息同样浓烈。

成群成群的牦牛在山上吃草，更多的就那样站立着，一动不动，如同黑色的木桩。天空明净，白云半隐于远山之后，脚下山腰处密密麻麻长满了颀长的树，向天空直直刺去。山上的乌鸦很多，一片片地掠过天空，它们是那么巨大，黑色羽毛泛着油亮亮的光，没有叫声，就那样飞过来，飞过去。

偶尔有两只灰喜鹊，无精打采地落在路边，神色凄然。司机经验老到，已经在这条路上开了很多年。他告诉我说他们经常深夜开车从这条路上过，有时候因有急事不得不飞奔。听到这些，我悄悄瞥一眼身侧百多米的深沟，不禁毛骨悚然。

冶力关镇的海拔在县里算是比较低的。赴职前领导问我有何要求，我答复说，唯一的要求就是任职地方的海拔要低一些。之所以提出这个要求，是因为两年前我曾在拉萨待过近十天的时间，那些个因缺氧而头疼欲裂、即使抱着氧气罐仍旧翻来覆去无法入睡的夜晚令我受尽熬煎。第三天实在忍受不住狂饮了一通啤酒，当晚睡了踏实觉，接下来似乎适应了一些，但待回到北京后，却惊讶地发现自己的语言功能有所退化，表现为思路杂乱，语速变慢，有时甚至不知自己所言为何。有次主持一场讲座，按例要在最后做一个小结，结果在讲过几句客套话之后，我的大脑却变得一片空白，如同死机的电脑。怎样完成的小结，说了哪些言语，讲座结束后已记不得了。

在冶力关的这几天，除了嘴唇经常变干变白，身体还算适应，我只好努力多多喝水。由于早晚温差较大，所以穿衣会比较麻烦，往往是早晨披一件外套，到了九点以后就要换成短袖。抬头看天时，总会忍不住自言自语这才是蓝天啊！

可这蓝天较少白云，阳光直愣愣地射下来，裸露的皮肤三两天就会晒黑。不过这样的天气不会多了，再过些日子天气就会变凉，外套早晚都要穿；国庆节过后，就要准备过冬了。当地人常说一句玩笑话：我们这个地方，说起来就两个季节，一个是冬季，一个是大约在冬季。虽是玩笑，却是实情。

到达冶力关几天后，送我报到的领导与同事陆续返京，但此时我仍旧不知住在何处，前些日陪伴我们的当地干部也不见了踪迹。随着时间的延长，同事有些着急，我跟他开玩笑说要不就把我带回去吧，目前看来没人打算接收我。他见这样也不是个办法，于是在有天清晨对我讲："走，我带你去镇政府，我得把你安顿好啊！"我便跟着他到了镇政府，对方给我安排了一间办公室,里面有一张单人床,床板高低不平,低处用砖头支起,我总算是留下了。也就是从这天开始,我正式开始了一个人的"第一书记"生活。同事离开的那天中午,正赶上小镇集市,来来往往的行人与车辆喧嚣热闹,我却格外低落。我终究是要独自一人待在这个人生地不熟的小镇了,如同一个被塞入小镇的外来者,听不懂小镇的话,吃不惯小镇的食物,在很长一段时间里还会适应不了小镇的天气以及当地人的思维。那个下午我无处可去,一个人沿着河道慢慢地走,漫无目的地走,天色慢慢暗下来了。

在北京这个庞大喧嚣的城市待久了,日趋固化的生活里的自己被紧紧嵌在了时间的链条中,就这样身不由己地向前滚动,滚动。每一天,每一月,每一年,做过许多事,有时将每天所做的事记下来,长长的一排,但过段时间试图总结一下时,又不知道真正做过了什么。没时间回望,更看不清前路。想到能有这样一段安静的乡下时光,从固有的轨道中脱离,在一个时间尚未变成碎片的地方学习与思考,无论如何都是一件幸事。两年,看似很长的一段时间,但它在人生的旅程中,却是很短的瞬间。庆幸的是我在挂职之初便意识到了这个道理,所以我不断告诫自己不要虚度这段时间,因为它会让今后的人生具备更多丰富的可能。或许在很久以后,当我回望这段人生的时候,我才能清晰准确地看懂此时此刻的生活,以及深陷其中的自己最真实的内心。现在的我,终究无法确认什么,我唯一能确认的是,我不要对这段岁月说后悔。

大地上的孩子

在人生当中,智育永远都不是第一位的,
好好学习、努力学习,非常重要,却不是唯一。
消解或者去除头脑中固有的或者即将涌入的愚昧,
才是助学活动所要达到的更深层的目的。

/ / /

一

我任职的池沟村有一所小学,名叫池沟小学。我到村里报到的当天就去了那所学校。那天,单位人事部的同事陪同我到池沟村村委会与村里的党员干部见面。见面会由镇党委李书记主持,十多人围坐在村委会二楼的会议室里,村委李书记与王主任分别介绍了村子的大致情况,至于他们讲了什么,我屏气凝神也基本不能听懂。其间同事侧身小声问我听懂没有,我轻轻摇头,两人相视咧嘴苦笑。会议进行的时间不长,散会后赵镇长说带我熟悉一下环境,我们在村里兜兜转转之后见到了这所小学。学校在搬迁点的入口处,离穿村而过的大路不远,依坡而建。我只在大门口站住往里看了看,正前方六七十米处的四间粉墙灰瓦的平房是幼儿园，左侧同样六七十米处十多级台阶上的三层黄色小楼则是教学楼，楼前旗杆上的五星红旗在蓝天的映衬下格外红艳，猎猎作响。楼门口一侧是食堂，另一侧摆放着几张乒乓球台。在如此贫困的地方、在群山的缝隙里能有一座崭新敞亮的教学楼，实属珍贵，以至于几个月后再想起，犹能清晰记得初次见到它时的温暖与感动。

小学是两年前山上的村民搬迁至山下时一并修建的，从选址到建成，相关人员做了许多的工作。今年九月，新小学正式启用，目前有十位教师，八十名学生，分布在四个年级，分别是一年级十八人，二年级十八人，三年级二十六人，四年级十八人。这些学生并不仅仅来自池沟村，也有一部分来自邻近的高庄村。有次与学校教师闲谈，谈起那些仍旧住在山上的学生以及距离更远的邻村学生，感慨他们读书之辛苦、需要走很久的山路时，刘校长以及几个教师纷纷表示这样的条件较前些年已经有很大的改善了，并且给我讲了一些我闻所未闻的艰苦情况，所以现在也就没什么好抱怨的了。

在村里工作的前几个月，我每天都随镇、村干部一起到搬迁点工作，查看新村委会的建设、道路的硬化、村民住宅的装修，以及环境卫生的治理等。我时常从村小学的门口经过，那里聚满了等待孩子放学的村民。他们在校门口闲聊，眼睛不时穿过大门与围栏的缝隙向院内望去。未承想这几个月我竟再没有进去过，哪怕像第一次那样走近大门看看也没有。尽管自我第一次看到它，就在内心深处产生了要为里面的孩子做一些事情的念头。

或许是我还没有做好面对它的准备吧，我曾经这样考虑过。直到有一天，当我用毛笔蘸着鲜红的墨汁在校外的院墙上写下"学习改变人生"中的"人生"二字时，我想我应该走进学校，走进教室，我应该认真看看孩子们的学习条件，用心感受他们的精神面貌，再与老师们好好聊一聊，找寻一些可以让孩子们的人生变得日益丰富、越发美好的可能。

之前听村干部提过村小学的条件很好，从外观看，我觉得他们的话很对，但进去之后发现要改进的地方还有很多。推开一扇扇门，进入一个个教室，面对一张张纯真可爱的脸，问校长学校有哪些困难时，他有些犹豫，吞吞吐吐不肯说话。再问他几次，答复无非是缺乏办公桌、教具等。我说这些先不着急，毕竟县教育局会慢慢配置，重点是孩子们目前需要什么。他想了一下，没有给我答案。其实我的内心同样茫然，我该为孩子们做点什么事情呢？后来我在三楼看到一个空荡荡的房间，几摞书堆放在墙角的桌子上。

"这个房间是做什么的？"

"噢，这是我们学校的图书室。"刘校长回答我。

我走到墙角随手翻开桌上的图书，发现这些图书多老旧不堪，适合小孩子阅读的也少。

"这就是给孩子们读的书吗?"我转身问刘校长。

"噢噢噢,是着呢。"

"你们这个图书室就这样啊?有没有进一步的打算?"

"这个还没有,得再等一等。"

"等?等什么呢?要不这样,我帮你们把这个图书室完善一下,起码有个图书室的样子,你们看怎么样?"

面前的几个老师面露喜色,连声说好,此事就这样定了下来。

图书室首先要有书架,问他们可否先做一些书架,答复说没钱。于是我去到管理各村小学的镇小学,镇小学的李校长答应得爽快,他说他来解决费用的问题。我又与村小学的老师一起研究了书架的规格尺寸,一个月之后,书架做好,靠墙安放整齐,屋中间也摆放了两排书桌用于阅读。一个有模有样的图书室呈现在我们面前,除了没有书。

村小学的图书室整理好后,通过单位人事部的领导、同事的协调,我收到了中华文学基金会捐赠的一千零二十册图书。这些图书是我的同事们根据小学生的需求精心挑选,并在短时间内快递过来的。与此同时,镇中心小学也为村小学准备了几百本图书。两相结合,总数约达一千五百册。数量虽不多,却是一个不错的开端。

十一月的冶力关已下过几场雪,天总是阴沉沉的,本想找个阳光温暖的日子让村小学将这些书取走，但镇党委书记得知此事后，一定要搞一个捐赠图书的仪式，并立马安排了下去。我拗不过，也就同意了。仪式于下午两点半开始，天气阴冷，两个副镇长、中心小学的校长、村里的干部，以及池沟村小学的全体师生都参加了。刘校长让我讲些话，我拿起话筒，阵阵凉意袭来，看着面前望向我的几十个孩子，许多想说的话顿时不想再说。我问他们冷不冷，他们异口同声地说不冷。我提高了声调问："你们真不冷吗？"回答仍旧是不冷。我笑着说："你们肯定没有说真话，因为我坐在这里都有些发抖了。"孩子们听后，有些就笑了。天凉，我知道我要尽量少说几句话，可我也知道我必须要说一些。这些话不仅说给孩子们听，更是说给在座的所有大人们听，毕竟孩子们还是白纸，而帮他们涂抹的人最重要。

这个下午，我给他们讲阅读的重要性，用尽量浅显的话语告知他们这样一个道理。其实我还有很多的话想跟他们讲，我知道我的发言无论多流畅，都难以理顺我内心的纠结。不知当我用悲伤的眼光看这群尚不知悲伤为何物的孩子时，是不是一种巨大的悲伤。我很想对孩子们说，在你们的人生当中，智育永远都不是第一位的，好好学习、努力学习，非常重要，却不是唯一。德育、美育、体育，在今后很长的时间内甚至会远远超过智育带来的影响。我想为你们带来可以让你们欣赏音乐与美术之美的老师，但我目前还做不到。我只能努力找来一些适合你们阅读的图书，让你们从中丰富自己的人生。

仪式结束后，我跟村小学及中心小学的教师进行了交流沟通，最后村小学的校长答应我，以后每周至少有一次阅读课；中心小学的校长以及镇里、村里的干部也答应说，他们会积极支持村小学的发展。离开时，我扭头对身后村小学的校长说："等你们把图书室彻底整理好，尤其是将图书的分类排列工作做好后，我还是要来看的，我也要参加你们的阅读课。"刘校长笑着说好。离开时，碰巧赶上学校放学，一个又一个小孩子见到我后向我敬礼，说着"老师好"。有一个小男孩儿直愣愣地冲到我面前，我以为他有事要跟我讲，没想到他只是快速地向我敬礼，大声对我说"老师好"，与我相视一笑后就跑远了。

二

2015年8月28日，我第一次到高庄小学。说是学校，却很难看出学校的模样。当我沿着一条狭窄的上坡小道走进学校时，出现在眼前的是普通农家般的两扇木门。推门进去，不大的院子里杂草丛生，四间砖瓦房应是许久未修，墙壁处处斑驳。教室里有七八个小孩子，年龄在四岁至六岁之间，他们有着红色的小脸，鼻涕残留在脸上，衣服脏脏的，手背同样如此。他们围坐在老旧的桌椅前，做作业、吃零食，看见我时，他们的眼神里有惊奇，有平静，也有漠然。我想对他们笑，又很难笑得出。

也是在那天，我见到了朱老师。他从办公室里出来，站在我身边，没有握手，没有问候。我们俩站在院子里，我问他学校的一些情况，他缓缓地回答我。八月底的冶力关，天气已经转凉，朱老师穿着黑色的皮夹克，上面裂纹密布，如同他黝黑额头与眼角的纹路。问过他的年龄后，我一次次地在思忖生活到底让他经历了怎样的沧桑。朱老师高中毕业后就做了民办教师，至今已有十七年，可以说，他人生的一半岁月都是和孩子们一起度过的。因为是民办教师，工资少得可怜。我问过他的工资，他回答得很平静，从1999年初参加工作的每月一百元，到2003年的二百元、2006年的三百元、2009年的五百四十元、2010年的一千元，再到2015年的一千五百元，这一系列的数字连同他的平静就像尖锐的刺，扎人。后来我又多次去到高庄小学，见到了更多的孩子，也见到了有着三十一年教龄的张老师与入职不久的小王老师。从他们的嘴里，我了解到更多关于学校与孩子们的故事。

在这所全镇最高海拔的学校里，有三十个孩子在学前班与一年级一起就读。他们都来自高庄村，一个有着一百八十三户人家，其中一百七十五户人家享受国家低保的村子。他们的父母常年在外打工，孩子们基本都是留守儿童，只有年迈的老人带他们上学。他们的家基本都在山上，由于老人年迈，他们有时只能自己来学校。高原天气多变，时常会遇到雨雪天，小小的孩子，踩着泥泞的山路，等到了学校，浑身上下常常被泥水裹满。因为贫苦，他们一年换不上一套新衣服，所以他们每次出现在我面前的时候，衣服都是脏脏的。离家近的还好一些，可以回家吃一顿热乎乎的饭。那些离家远的孩子，中午回不了家，就靠从家带的馍馍充饥。冶力关的冬天很冷，学校的水管总是会被冻住，一直到来年的五月才能正常使用，这期间每个孩子的书包里都会放一个装满凉水的饮料瓶。小王老师跟我讲，很多孩子分不清蔬菜与水果。我以为他是在跟我开玩笑，后来才知的确如此，因为孩子们没有见过那些在我们看来司空见惯的东西，譬如甘蔗，譬如火龙果。在他们的世界里，老师是他们最亲近的人。老师会在雨雪天送他们回家，老师也会在冬天驮水来学校，老师除了教授知识，还会教他们认识外面的新鲜事物，了解山外的世界，此刻的老师已经不仅仅是一名师者，更是家人。我听到的这些，仿佛来自一个遥远的世界。此刻，当我将这些用文字记录下来的时候，依然觉得恍惚。

看过高庄村小学后，我产生了将全镇所有村小学与幼儿园走一遍的想法，所以在八个月的时间里，除了在村里工作，我先后去过六所村小学与三所村幼儿园。这些学校有些条件好一些，有些则差一些，有些学生多一些，有些则少一些。但他们有着许多共同之处：孩子多是留守儿童，缺乏真正适合孩子阅读的图书，玩具匮乏，等等。这些学校加起来有三百零五个孩子，许多次，我看到他们在村口布满垃圾的河沟中打闹，看到他们推着轮胎奔跑，看到他们沿着高高的山路回家，他们的脸上挂着笑容，但这不知忧伤的欢笑，在我们看来，何尝不是一种深深的悲伤。在走访中，我无数次与师生沟通交流，了解他们的诉求。可许多次，我可以轻易地从他们的眼神与话语中感觉出他们对我的态度。他们对我的热情、客气与这背后的犹疑，同样明显。于他们而言，我与我所表达的话语背后，究竟存有多大的希望，又存有多少的浮夸，他们无法确定，而这些都明白无误地显现在他们的脸上。

留守儿童是社会转型之痛。全国妇联2013年5月发布的《我国农村留守儿童、城乡流动儿童状况研究报告》显示，我国共有农村留守儿童6102.55万，占农村儿童的37.7%，占全国儿童的21.88%，而冶力关村小学的大部分孩子就是其中的一员。在这个小镇，村小学的留守儿童占比可以达到80%以上，这让他们中的大多数要在小小的年纪就学会自立与坚强。

我们常说教育的重要性，我们也知乡村教育的意义。著名教育家陶行知先生说："乡村教育是立国之大本。"诚如其言，教化之本，出自学校。乡村教育可富可智，关系着村民的贫与愚。不懂农村，难以了解中国；不注重乡村教育，则难以发展农村。对乡村孩童而言，他们未来的人生离不开教育的影响，正所谓"求木之长者，必固其根本；欲流之远者，必浚其泉源"。但对冶力关的孩子们而言，乡村教育则具有另外一重意义，因父母失位而不能给予的亲情，除去长辈的照顾，他们更多地需要学校、老师的教育与关爱。当时在我的内心深处还有一个难以言说的疑惑，我也不断地追问自己：这些缺乏关爱的孩子长大后，他们的性格会变成什么样？我不敢细想下去。

乡村教师、贫苦学生、留守儿童，这些字眼组合在一起总会让人产生百般况味。可否为他们做一些事情？譬如做一场帮助学校、教师与孩子的助学活动。在我帮助池沟小学创办阅览室的过程中，曾有许多师友向我表达了想为村小学提供帮助的意愿，我都一一婉拒了，因为我不知道这些学校、这些孩子真正需要的是什么，我不清楚我们所认为的那份好心是否就是他们眼中的美好。当我们面对山区的孩子们时，常常会陷入一个误区，即我们的心意是好的，但我们总会做错事，毕竟并不是所有的好心善意都可以达到美好的预期。

在通过调研掌握了所有村小学相对完整的信息后，我想为孩子们做点事情。做事先要有人，我与几个驻村干部创建了微信助学平台，在沟通中组建了一支由学校领导、镇政府干部（主要是负责池沟、高庄两村的干部）、村干部组成的助学团队，以期通过一场助学活动最大可能地帮助这群孩子。2016年3月12日，我拟订了一份助学倡议书，并且在微信平台上发出。其实，在助学倡议发出之前，我的内心依然充满了太多的不确定。我时常在夜晚于山中行走，哗哗的流水声衬得暗夜更加寂静，头顶着漫天星斗，我反复思索，分析权衡多种可能，但更多的还是担心，担心应和者少，担心让孩子们失望，担心活动变了味道，担心一份好心最终落入难堪的结局，我因此陷入犹豫与纠结。我的房间里曾有一盆普通的绿植，无人照看的它早已枝干枯萎，我偶尔会给它浇一点水，不那么期望它的复生，只是心存侥幸幻想奇迹出现。有一天，奇迹真的出现了，我惊喜地发现在枯萎的枝头生出了翠绿的一小片嫩芽。我小心翼翼地将那截枯枝剪下插入盆中，从此耐心照看，三个月后的今天，它已有了六片叶子。我想助学活动也应像这嫩芽，它是困难与迷惘中的一丝希望，与其设想太多，不如真正开始，如若用心，假以时日，助学活动应该也会如同这嫩芽一样枝繁叶茂吧。

庆幸的是，我们的助学活动进展得格外顺利，并且远远超过了我的预期。助学倡议发出后，全国的文学界师友、社会上的爱心人士，以及我的家人，为我们提供了足够的源源不断的支持。在开展助学活动的三个月里，我们收到了上百个包裹，上千件玩具、文具，上万册图书，连镇上的邮局都笑称变成了我们的私家邮局。

在一件事的开展与进行过程中，总会有一些不同的意见，甚至是刺耳的声音。有些熟悉临潭县的朋友建议我不要在冶力关镇进行助学活动，因为在他们看来，冶力关已是全县最好的地方，那些落后的乡镇更需要帮助。我也曾联系过支教团体来为孩子们教授音乐与美术，他们以学校坐落在景区不符合他们的支教要求为由委婉拒绝了。也有人批评我们在作秀，所做的一切无非是沽名钓誉，往自己脸上贴金。我承认现在的确有一些捐助、助学走向了初心的反面，但是我们更应该清楚地看到这些年通过捐助、助学改变了很多人的人生轨迹这一事实。当一件于民、于后代有益的事出现偏差的时候，需要的是纠错、改正，而不是阻止它前行的步伐。这些不同的意见与声音于我同样充满意义，它们让我在放下无望的高谈阔论、做一些力所能及的事情时，开始思考并懂得如何负重前行，如何让自己的人生轨迹拥有更完美的弧度。

在助学活动中，我对宣传助学的看法也在悄然间发生了改变。因为助学，我会接受记者采访，我也会参加电台的节目，而这一切，我曾是那么排斥。但为了孩子，我心甘情愿。这并不仅仅是为了让大家知道我们所做的一切，更是想让大家意识到乡村教育的重要性。在我看来，一个成功的助学活动，要有良好的开始，注重内容而非形式，要具备延续性。一方面要让学校、教师与孩子获得完善的教学设施与物质上的丰富；另一方面，更是传播一种教育的理念。通过图书室的创建与完善，培养孩子们阅读的习惯；通过玩具的丰富充实，注重孩子们体质的锻炼与天性的拓展；通过书法与美术作品的布置，提升孩子们对传统与审美的兴趣及能力。这一切，都是仅仅依靠课本很难达到的。助学，针对的对象也并不仅仅是孩子，还包括任课的教师、教学管理者，以及家长。通过我们的行动，让他们给孩子更多的关爱，让他们尽可能地懂得如何更好地教育孩子。只有这样，那些世代不良的积习才有在本质上改变的可能。在落后贫困地区，我深深体会到善最大的敌人并不是恶，我们可以抵抗、拒绝甚至与恶进行面对面的斗争，但若碰到愚昧，则只会感受到那种钝刀割肉般的疼痛。消解或者去除头脑中固有的或者即将涌入的愚昧，才是助学活动所要达到的更深层的目的。

在助学活动中，有时会因为劳累与挫折想过放弃，但这更多的只是一时的气馁，待自我调节后仍会当作从未发生过一样继续。助学活动，虽是一场公益活动，可对孩子们来说，却是对他们人生的介入，而介入别人的人生是需要对此认真负责的。

经过三个月的工作，我们陆续完成了三所村小学图书室的建立与完善，我们为全部村小学的孩子们送去了玩具、文具。由于真正适合孩子们的图书增多，他们借阅图书的兴趣也就大了，有的学校还计划开设阅读课。随着书法家与书法作品进校园活动的推广，一些学校也计划开设书法兴趣班。并且在这段时间里，有一所小学迁入了崭新的校舍，一所小学扩建并修缮了原先的校舍，包括朱老师在内的十一位民办教师也有望在年内转为公办教师。再没有比这些更振奋人心的了。

三

　　前几天，与几个助学小组的朋友一起到离冶力关镇最近的八角乡举办了一场助学活动，为莲花山村小学与牙布山村小学的孩子们送去了图书、玩具以及衣物，这也是2016年的最后一场助学活动。这两所村小学，地理位置偏僻，其中一所在大山深处，道路曲折，沿途成群的野鸡飞来飞去，我们竟然迷了路，把车开进了一片管控区域。有人凶狠地问我们要做什么，并勒令我们抓紧出去。这两所学校分别有五名教师、五十三个孩子与一名教师、九个孩子，我们把物资交给他们，孩子们将玩具与书包紧紧抱在怀里，我想这些应该能让他们在寒冷冬日感受到丝丝欢乐与温暖。

　　从3月12日到11月12日，我们的助学活动已经进行了整整八个月。当我这样想的时候，我正坐在安静的房间里，窗外漆黑一片，八个月来的活动情景在我的脑海中不断地闪现。现在仍记得我们在微信公众平台发出助学活动的倡议时，全国有那么多的师友在第一时间表示了支持，他们不断地转发，使该消息有近万次的点击量。那些天，我的手机就没有停止工作过，无数的人打来电话询问所需的帮助与物资，无数个包裹如雪花般飘来。那些天，我们一次次地去邮局，让这个平日没有多少业务量的邮局始终忙碌地运转。他们偶尔会埋怨，但当他们听说这是给孩子们的物资时，又会恢复和颜悦色的模样。那些天的包裹真多，我记得最多时一天收到了九十六个包裹。由于修路，包裹无法送到邮局，对方打电话跟我讲，包裹放在邮局对岸的大路边了，让我抓紧来拉走，否则容易丢。我只好急忙联系村人，最后还是一个小伙子开着一辆三轮车把它们带回来的。

来自全国各地的爱心与爱意浓烈、炽热，让我们始终处于感动与激动之中。北京大学附属中学78级5班的十八位同学在得知我们这里的孩子需要助学后，共同出资，精心挑选了适合孩子们的体育用品与学习用品，并先后捐赠了两次。在鲁迅文学院就读的第十七届中青年作家高级研讨班的作家学员们也奉献了他们的爱心，他们不仅来到冶力关助学，还以班级的名义出资为高庄村小学购置了滑梯一部。中国狮子联会在得知冶力关助学的消息后，集体奉献爱心，为孩子们捐赠了图书、益智玩具、儿童识字卡、文具、体育用品、衣物等，勉励孩子们勤奋学习，走出大山，走向世界。山东青岛大学附属医院"彩虹志愿方队"的志愿者们为池沟村幼儿园的孩子们购置了三十九个爱心邮包。还有许许多多熟悉的、陌生的朋友，我只能在心底默默地对他们反复说："谢谢了！"回顾八个月来的工作，或许不够尽善尽美，但起码做到了尽心尽力。师友们的爱心，我们做到了最大程度的珍爱与传递，这是对他们最好的尊重与感谢。

我也特别想对助学小组的朋友们说一声："辛苦了!"助学活动是纯粹的公益活动，小组的成员大多是镇村干部，他们一方面要完成本职工作，一方面还要抽出时间跟我去做助学活动。我知道这会让他们两难，但他们没有任何的烦躁情绪。有些人不仅要出力，还要出车，自己承担油费，这让我有些内疚。许多次，我跟他们一起整理包裹，认真统计；一起在颠簸中奔波，去到偏远的乡镇；一起搬运、发放物品。慢慢地，我们形成了一个十五人的小团队，大家彼此支持，互相鼓励，收获了快乐，获得了成长。他们是一群充满爱心与热情的年轻人，积极向上，踏实优秀，正是在他们的帮助下，我们的助学活动才得以如此顺利圆满地完成。

在这八个月中，我们也做了一些事情，我们先后为冶力关镇、石门乡、羊沙乡、八角乡等乡镇举办了八场助学活动。去到每个地方的路途都很辛苦，需驱车几个小时才能到达。我们为冶力关镇的七所村小学、幼儿园，石门乡的两所小学，羊沙乡的两所小学，八角乡的两所小学送去了图书、玩具、文具、衣物等物品；为十所村小学、幼儿园创建、完善了图书室；为两所小学添置了滑梯；为三所小学布置了几十幅书法作品；为乡村教师举办了两次活动，送去了慰问品；我们顺便还为六个村子创建、完善了农家书屋。算下来，这也是一批价值不菲的物资，但我们大家都清楚，每份物品内含的爱心是无价的。

八个月的努力，让我们的助学微信公众平台有了不小的影响，在不同的场合，很多人在见到我时都会跟我提起，有时我坐车去邻县，出租车司机也会跟我讲这项活动。省报、甘南州与县电视台对我们的活动也有报道，这些反馈让我们觉得为之付出的努力都具有意义。我知道还有很多朋友想奉献爱心，但是实在忙不过来，所以有些也就谢过后婉拒了。

回望这条助学之路，快乐与困惑同在，喜悦与惆怅同存，其中况味百感交集。助学活动，本身是公益活动，这意味着我们不会也不可能每次都特别主动地赠送这些物品。万事有度，越过则乱，毕竟有些物品是要自己来取的。因我无比珍视这些来自全国各地的爱心，我只想将它们送给那些懂得感谢的人，我不会要求你的回报，只是希望可以看到哪怕是一丝一毫的谢意。

在助学活动中，对于任何一所学校，我赠送的第一件同时也是最为重要的物品，永远是图书，是按照不同年级特意选购的图书。我曾经用五千元为幼儿园购图画书，那两个小箱子承载的价值远远超过它本身的价格。对于任何一所学校，当我看不到你对图书的尊重时，请原谅我无法满足你的要求。当我说出这些话，一些人可能会理解我当初为何那样做。

还有一些远方的朋友与陌生人，他们给了我很多的建议，有些开阔了我的思路，有些我只好当作没有听见，也有些人执意讲给我听，我若不听，就会被批评。其实只有亲身投入其中，才会获得切身的感触。我们常常自以为是，以己度人，其实并非如此，我们感觉的那些，无非是想象。我们在想象的生活中提出自己的解答，无懈可击的完美难以触及真实生活的皮毛。

教育重要，是我从未改变的认知；乡村教育尤其重要，是我八个月来越发深刻的感触。当我一次次地在大山中穿行，在煎熬中驶过曲折的盘山路，最终来到大山深处的学校时，这一感受便越发强烈。我们的乡村教师，能在大山之中坚守，献身教育事业，值得尊敬。尤其是一些民办教师，每月拿少得可怜的工资，却坚持了很多年，有些甚至还要坚守下去。

乡村小学的儿童，很大一部分是留守儿童，缺乏父母的关爱，若教师与社会不去更多地关注他们，等到他们长大，将会是什么样的面貌？我想不出，我甚至不敢去想。他们长大后会是这片土地的主人，他们是怎样的，他们脚下的大地便会是怎样的。

我们为孩子们送一些东西，只是单纯地希望给他们带去一些欢乐。记得有次去池沟村小学，上楼时见五六个小女孩儿蹲成一圈，用两个圆圆的卡牌敲打玩乐。我在她们身后俯下身子问："你们会踢毽子吗？"她们很害羞，没有回应我。我又问了一次，才有一个小姑娘点点头。我又问她们："你们想踢毽子吗？"她们再次害羞得不说话。我告诉她们说过几天我会带毽子来给她们玩，说完转身上楼，身后传来她们兴奋的叫声。我还记得六一儿童节时，我问手拿毛绒玩具的五十个孩子开不开心，他们大声说出开心时的笑脸。我还在一个接过玩具的小男孩儿眼睛里看到了快乐的光亮，它从心底瞬间涌出，仿佛带着清脆的声响，以及可以纯净我们灵魂的力量。

　　十年树木，百年树人，助学活动的时间不长，很难讲会否产生立竿见影的效果。若有效果，也要待以后才会显现。唯愿我们所做的一切，如同那个孩子眼中快乐的光亮，照耀他们的人生之路，愿他们有朝一日走出大山，拥有更多完成精彩人生的可能，开创属于自己的未来。

修道

一个月后,那条路修好了,平整宽敞,
我从上面走过,喜悦充盈内心。

///

从北京到甘南州的池沟村任"第一书记"后,我接到朋友的电话,他们通常会问"甘南是哪儿啊""你要待多久啊""你是去省里还是市里做'第一书记'啊""啊!去村里啊!人家村里不是有书记吗?你去干吗呢""你要做什么啊",前面的问题解释一下也就过去了,后面的两个问题也是我正在以及今后要思考的问题。

作为中央选派的第一批"第一书记",我虽然已仔细阅读过相关文件,了解到主要工作职责是建强基层组织、推动精准扶贫、为民办事服务、提升治理水平等,也跟做过镇长、县委书记的朋友请教过,但对于自己的工作依然没有特别清晰的认知。到村工作后,我曾与镇委李书记交流,问他我主要做些什么,他答复我说:"不着急,你先慢慢适应,慢慢感受。"这样也好,平时我跟随镇、村干部在村里工作,闲时就一个人走走转转,但走到的地方有限,池沟村群山纵横,自然条件差,一块块耕地像补丁一样散落在山腰。我常站在山底望着山顶的袅袅炊烟，想象他们的日常生活，那些交通不便、缺水少电、毫无经济来源的日子要怎么改变？

不久前，我读到了一篇文章，准确地说，是新华社记者的一篇报道。报道的影响力很大，羊小平与他家六口大缸的故事可谓在一夜之间传遍了甘南。文中这样写道：

就在一年前，羊小平一家还世代生活在甘肃省甘南藏族自治州临潭县冶力关的山上。冶力关是甘肃有名的自然景区，山下的日子一天比一天富裕，但崎岖的山路将羊小平一家和山下的繁华一分为二。

山上不止住着羊小平一家，但山太大了，出门走一天也难碰见谁。孤单久了，人就消沉，羊小平说山上的人经常一两个月不洗脸。在羊小平的记忆中，常做的事情就是为家里的六口大缸担满水。因为担水，他的父亲摔进深沟里，两个月后人就没了；也因为担水，他外出打工时总是请假回家，"几口大缸像是世代传下的魔咒，将羊小平牢牢地拴在了大山上，也击碎了他的致富梦"。再后来，甘肃省实行了易地搬迁扶贫项目，羊小平一家才得以从山上搬到了山下。搬家后的羊小平砸碎了家中的六口大缸，这是对苦难的宣泄，也是对贫困生活的告别。

这篇文章通过一个细小的切口展示了甘肃易地搬迁工作的景况。搬到山下的羊小平开了一家农家乐，我让朋友为他书写了匾额。前些天我又去到羊小平的家里，二层的小楼高大气派，阔大的落地窗明明净净，屋内家具崭新，满满当当。文章与现实略有出入，但通过易地搬迁的方式，羊小平一家的确与当年的贫困生活彻底告别了。

前年岷县地震，池沟村在山上居住的村民的房屋被波及，县财政出资将尕后山社的全部村民与李子沟社的大部分村民迁到了山脚下，目前整个安置点除去房屋建设，还配备了体育健身器材、太阳能路灯、垃圾处理点与污水处理管道等配套基础设施，还超前规划了村级文化活动中心与群众文化广场。这个安置点，我第一次到池沟村时就见到了，如今所有房屋已初具面貌，每户人家都拥有上、下两层近二百平方米的小楼，偏房、大门、围墙、厕所等俱全。有次省委主要领导来村里视察，他曾常年在北京工作，所以开玩笑地对我讲："这样的房子要在北京可就厉害了。"我说，放在北京这就算是别墅了。

我刚到池沟村两个月时，安置点的工作正在有条不紊地进行，起初因为要对全村的贫困户进行数据统计，我也常在这块区域行走。不过我一不留神就会走错，因为这些房屋都有着同样的样貌，如同一个个复制品。我特别想拿铅笔在每家门口做个小标记，免得走错门，喊错人。后来，我每天随干部深入搬迁点，监督工程的开展与质量，一段时间下来，既有顺利完成进度的喜悦，也有推进之难的苦闷。尤其在涉及搬迁、修路等重大事情方面，与村民之间的协商之反反复复总是很难避免。有次我表现出失望、烦躁的情绪，几个镇、村干部吃饭时便跟我讲了这个安置点的修建过程："当时很多人不愿意搬迁，比如说，有些人在山上住久了，习惯了，让他搬到川里来，内心接受不了；有的村民养牛、养猪，搬下来没有地方养；有的村民耕地在房前屋后，搬下来后，每次到地里做农活来回要一个多小时。盖房需要钱，虽然政府无偿提供宅基地，补贴几万元，但仍然有村民盖不起房，所以他们死活不搬。我们当时的工作压力特别大，磨破了嘴，跑断了腿。从早到晚都在山上，从这个山到那座山，挨家挨户地说服他们，有时一天都吃不上饭。"听完他们叙述的这些，我打心底里觉得把农村工作做好真是一件很不容易的事情。

　　安置点规划了一块很大面积的文化广场，由于地势较高，不利于住在低处的村民到达。原本有一条土路，两边高中间低，仅容两人并肩过，雨雪天基本就废掉了，唯有拓宽并且硬化。小路的北侧是两家住户，他们的大门毗邻路边，只好向南侧的麦场扩展。一个上午，我与村主任、副镇长以及镇上两个包村干部在进行实地考察后去到麦场的主人家商谈此事。与安置点的房子不同，这家人的房子只有一层，整体风格类似四合院。大门口一侧堆满了柴草，另一侧墙边，一条小白狗拖着铁链，冲我们不停狂叫。池沟村有很多村民养狗，体型不大，白色居多，但凶猛的气势较大狗也不弱。院内两边的偏房靠紧了正房，不见舒朗，多了些局促。我去过很多村民家，院内两侧多已盖好或即将搭建偏房，少有人家把其中一侧留出来。我曾问过留出来的一户人家为何如此，他说在这块空地上种些蔬菜与花草，院里有生气。

主人姓马，六十岁的年纪，中等身材，面相黝黑淳朴，两个门牙分得开些，一笑一条大大的缝隙。见我们进门，他急忙把我们迎到客厅，接着倒茶递烟。副镇长开门见山，说明来意后便带他一起到路口。按照我们的设想，修一条可供机动车辆通行的道路，大概需要向麦场延展三米左右的距离。麦场长度为十八米左右，我们按照十九米计算，这样占用的麦场面积为五十七平方米。我们把想法告诉了马大爷，在征得他初步同意后用脚量出位置，并做了标记，随后又一起返回他家商量补偿的事情。目前镇政府征地的标准为每亩两万元到两万五千元不等，我们按照两万五千元的标准给予补偿。镇政府的小骆让坐在对面的小牟计算五十七平方米折合成的亩数，不待小牟反应，小骆又说："你用计算器算一下六百六十六除以五十七，得多少？"答复说是一点一。于是就按照零点一一亩的面积计算价钱，结果为两千七百五十元，副镇长说那就照两千八百元吧。坐在对面的马大爷憨憨地笑了笑，说行吧，于是这事就这样定了。出门时，我高兴地跟身边的小牟说："你们总说工作不好做，这不挺顺利的嘛！"小牟答道："马大爷性格好，明事理，好说话。"

  出门后我们折回到麦场，将之前的方案再次详细讨论并形成共同意见。接着沿路向上，停在了离麦场十多米远的地方。按照前期的项目规划，这里以后将变成一座由池塘、楼亭构成的花园，副镇长兴致勃勃地给我指出亭子的位置、池塘的形状，如同这设想已然变成现实。现在这块地方密密麻麻地种满了松树苗，见惯了挺拔繁茂的松树，初见小小的树苗，内心如被狗尾草的茸毛轻轻扫过。此时，小骆离我最近，我把他往旁边拉了拉，说有个事向他请教一下。他问何事，我问他："一亩地是六百六十六平方米，那一分地就是六十六平方米，而他家的那块地只有五十七平方米，还不到六十六平方米，怎么是零点一一亩呢？是不是算反了啊？"我说完后，他显然愣了一下，然后摸着脑袋，在原地转了一圈，大喊"哎呀呀"，我连忙拉住他的手让他安静。正在我俩商量如何处理的时候，我远远地看到马大爷两口子匆匆朝麦场走来，他老婆的手里拿着一卷米尺。我对小骆说："这个事情我们先放一下，看看马大爷量过的结果，如果他们对我们量过的面积有意见，你再把算错的事情告诉副镇长，让他酌情处理。"副镇长他们也看到马大爷两口子在量地，赶紧走过去。我不想过去，继续蹲在那儿拨弄松树苗。重新量过后，马大爷的老婆说所占麦地的宽度不应是三米，应该是三点八米，而那十九米依旧是十九米。估计是这时小骆把算错的事情告诉了副镇长，当这事再从副镇长嘴里说出的时候，就不再是工作失误，而是故意对他们的特殊照顾了。由于即使按照三点八米计算，得到的补偿款也不如我们第一次算错给得多，所以还是按照起先说定的为准。他们回来后，我低声问小骆："这次解决了吧？"小骆嘿嘿笑了几声，说没问题了，我也跟着摇头笑了笑。

有时进村工作的时间长，来不及返回镇食堂，我就会跟镇政府的驻村干部们一起在村里吃工作餐，地点多选在路边的农家乐。饭前，大家会围坐在一起，喝点茶水，闲聊做过的事情，哪些难做，哪些好做，哪些需要迅速做好，哪些需要逐步完成。每每此时，我都扮演一个听众的角色，偶尔问到我时，我才会说几句。那个中午也是如此，上午与麦场的主人达成了协议，道路就可以接着施工了；与村口的人家也商量好了，补助其八百元，让他将门口的猪圈拆掉。起初给他四百元，他同意了，后来又反悔了，跟我们提了新的条件，无奈之下又追加了四百元才算彻底解决。做过这两件事，觉得不管怎样，终于把问题解决了，也就产生了些许的成就感。

在我侧身向驻村干部了解贫困户的情况时，马大爷的老婆悄无声息地出现了。她站在我们对面，双手交叉，对副镇长不断说着什么。我抬头看她，黑黑的脸，布满额头的皱纹清晰可见，可能是刚做完农活，上衣沾满了尘土。她的话我很难听懂，表情中似乎有一丝不好意思，我无法确定。听旁边的人解释后我才明白,原来她儿子听说此事后坚决不同意,说自己要在麦场盖房子,她说她也主不了事,所以过来提前说一下这个事情。她走后,我看到原本表情轻松的副镇长一下子就落寞了,双手捏着茶杯,一言不发。

在村里时间不长,可我越发体会到一种交流的煎熬与痛楚。因听不懂当地的话,我与许多村民,就像影片《巴别塔》中那些共筑通天之塔的人一样,操着不同的语言,活在自我思维的世界里,而这也在无形中锻炼了我的逻辑推理与想象能力,就像几天前揣摩村里一个哑巴的举止那样。那天,我和副镇长在村口遇到了一个五十多岁的哑巴,副镇长连说带比画地让他把村口的麦秸垛清理掉。我在旁边像观看默片一样看两人打了半天手势,走时我问副镇长说明白了没有,他说可以了。待到吃午饭的时候,哑巴到房间来了,对着我们又一通比画,还伴以呜里哇啦的声音。好不容易劝走他之后,我问副镇长:"是不是因为你让他清理麦秸垛,他找你要补助?"副镇长说他刚才一再指着我们的米饭做吃饭的动作,意思是现在没人管他,而他家里的米面都快没有了,让我们帮他一下,接着副镇长转头交代一个干部明天带二百元的补助款给哑巴送去。

马大爷的老婆走后,副镇长立马打电话让她儿子过来。此时已是下午一点多钟,饭菜还未做好,我饿得很,坐在椅子上,哈着腰,眼神迷离。马大爷的儿子四十岁左右,短平头,体格健壮,斜叼着烟卷,进来后一屁股坐在副镇长旁边。在随后的二十分钟时间里,一帮镇上的干部七嘴八舌地给他做工作,而他则叼着根牙签或沉默或激动。他们的交流快速且激烈,我竖起耳朵听懂了20%。中间我听到副镇长说起对他家的特殊照顾,提到我到这里来任职,也听到大家劝他从大局出发,为全村人提供方便,而他的答复是:"我给别人方便了,谁来给我方便?"谈话间,饭菜陆续做好,摆到旁边的圆桌上。我喊大家先吃饭,带头起身到饭桌前坐下。除副镇长外的人都随我过来吃饭了。那天的饭菜都有什么我差不多忘记了,只记得有一份大盘鸡。池沟村的农家乐,饭菜做得好,一方面和手艺有关,另一方面则更多地与食材关系密切,鸡肉先炖过,再与辣椒、花椒、土豆、葱段一起爆炒,看上去色香诱人,吃起来也倍感筋道,唇齿留香。我们一桌人围着吃饭,旁边副镇长与马大爷的儿子继续舌战。其间被人喊停过多次,两人都不为所动。村子里的搬迁项目时间紧,任务重,副镇长的压力非常大,经常一两个月才能回一次家,可面对这种状况,我却想起了一个领导以前教导过我的一句话:"工作中不管多急的事,要学会缓一下再做。"后来我在《李叔同说佛》一书中也看到过类似的话,原话是这样:缓事应急干,敏则有功;急事宜缓办,忙则多错。

吃到中途,马大爷的儿子走了,结果自然是没有。问副镇长对方有何条件,答复让我大吃一惊,马大爷的儿子提了两个条件：一是全家享受低保待遇，二是用自己家别的地块换一块村里的宅基地。这两个条件都是根本无法满足的，第一个是政策上不允许，第二个则是客观上做不到。副镇长讲完后埋头吃饭，我听完后也继续埋头吃饭，大家也都继续默默地吃饭。

饭后，时针指向两点十分，我与三个驻村干部一起去贫困户家中走访，进行信息采集。2013年，中央领导在十二届全国人大二次会议上提出精准扶贫的概念，"创新扶贫开发方式，地方要优化整合扶贫资源，实行精准扶贫，确保扶贫到村到户"。这是对粗放式扶贫的纠偏，针对不同贫困区域环境、不同贫困农户状况，运用科学有效的手段对扶贫对象实施精确识别、精确帮扶、精确管理。毫无疑问，这更能够体现实事求是的精神内涵，针对性更强，所产生的扶贫效果也更显著。精准扶贫开展后，对贫困户的信息采集工作较之从家庭成员、土地面积、种植收入、打工收入、子女读书等内容的七八张表格均需一一填写，回头还要耐心统计，经常会因为一丁点儿的小错误导致全部返工，这让我们叫苦不迭，但是又能怎么办呢？上级单位催得急，我们只好放弃休息时间加班加点，赶在截止日期前提交。那天，我们在第一户人家用掉了差不多三十分钟的时间，看着手中厚厚的表格心想何时才能弄完呢。好在熟练之后，进度略微加快了些。

下午四点多钟，在我们走访到第七户的时候，副镇长与小骆、小牟也一起来了，他们也要跟这户人家谈一些事情。我站在院子里,恰巧小牟从屋里出来。

"修路的事处理得怎么样了?"我问他。

"谈好了。"

"怎么处理的?"

"嗯……"小牟犹犹豫豫,不太想说。

"是加钱了吗?"我直接问他。

"是。"他慢慢地说。

"主要是这家儿子觉得补偿少了,马大爷觉得他儿子提的要求丢他的脸,跟他儿子大吵了一架,但还是说服不了他儿子,我们就补了点钱。"

"补了多少?到四千了?"我悄悄问他。

"还要多一点。"他看着脚面,小声回复我。

"到底多少?磨磨叽叽的。"我继续问他。

"五千。"他慢慢说出这个数字。

我"噢"了一声,然后我俩再没说话。

一个月后,那条路修好了,平整宽敞,我从上面走过,喜悦充盈内心。再后来,有次我从镇政府出来,站在路边看一帮人打牌,远远看到马大爷的儿子准备过马路。路上车来车往,他快步走,小心地拉着一个五六岁的小女孩儿,应该是他的女儿。再后来,就没再见过了。

九个月后,当我再次回想这件事情,当初的无奈、烦躁,甚至气愤的情绪都慢慢淡去了，内心平静的我试图找寻其背后更内在的那种情绪。其实并不仅仅是我所在的地方，或许在其他的山村里也会发生类似的事情，虽然它们以不同的面目出现，但其内在的逻辑与发展脉络是毫无例外的一致。当我一而再，再而三地遭遇这样的事情，我发现我无法再用审视的眼光对待村民，更难用批判的态度对待他们的固执。他们在生活中较少主动，被动的时候更多一些。但在我看来，在村民的骨子深处，仁、义、礼、智、信，依然存在。在多次参与修路、环境整治的过程中，我遇到了很多为了集体牺牲个人利益的村民。他们在与政府及干部的交往中，通情达理，懂得退让，知道怎样的方式是最完善的解决之道，并且愉快接受。同时，也有一部分人，不知道提供给他们的方案是否可以在最大限度上满足他们的利益，所以他们能做的就是拒绝、不合作，或者提出一些根本无法满足的要求。如果解决妥当还好，否则他会不断向我们暗示自己的弱势与被亏欠，最终成为无解的难题。所以，当我面对这一切的时候，所能做的唯有耐心，通过不同的方式与途径，与对方建立信任，深度沟通，以期完满解决。基层政府同样如此，要在高强度、高压力、异常烦琐、无始无终的工作中始终怀有一分悲悯、一分耐性，凸显诚信，言出必行，取信于民，而非一味地将责任归咎于农民的低素质与劣根性。

山上来客

穷固然是一个原因,
但对于这个女人而言,
面子才是更重要的东西吧,
邻里的风言风语可没几个人能消受得了。

/ / /

早上醒来时已近九点。

虽是九月初,但小镇秋意已浓,晚上需盖厚被子了。昨晚写论文至深夜,其间数次挠头揉腮,也不过写下三五百字。突来的落雨与狂风吹卷的枝条噼里啪啦地击打着窗玻璃,更让我心绪难宁。"如果你爱一个人,就让他去读博士学位;如果你恨一个人,就让他去写博士论文"。不知怎么想起这样一句话,苦笑中索性抓起书桌上的一瓶酒倒了一杯,几口喝下,枯坐一会儿便上床睡觉了。后来睡梦中被惊醒,是镇上的干部散会了,他们下楼时的脚步声与谈话声在静谧的夜里格外响亮,抓过表来看,是凌晨一点多钟。再次睡下,醒来的时间便比平日晚了些。

烧水洗漱后下楼,站在院内那两棵缀满青果的核桃树下,为是否去吃早饭而纠结。小镇做早点的饭馆不多,我常去的一家是包子铺,其次是拉面铺,偶尔去金龙手抓店吃一次清汤羊肉,早餐时间,这些店都挤满了人。看了看时间,包子铺里我常吃的胡萝卜馅包子与稀粥肯定没了,地达菜等馅包我不爱吃,豆浆我不能喝。小镇的羊肉味正鲜美,刚到小镇工作时,我几乎吃遍了所有的羊肉馆,但后来由于身体原因,羊肉汤于我也成了奢侈品。至于牛肉拉面,这个日常被当地人"拉牛、拉牛"挂在嘴边的食物,在长时间的反复品尝之后,也让我心生倦意。

院内人来人往,不时有镇干部拎着早点跟我打过招呼后急匆匆地从我身边走过。在三三两两进入院内的行人中,我看到一个老奶奶,拄着拐棍,佝着身子,背着一个大竹筐,正远远地从大门处慢慢走过来。到我身边时,她停了下来,双手扶着拐棍,跟我说话。这样的情景一次次上演,我站在核桃树下时,总会有一些路过的村民跟我讲话,有人问事,有人闲聊,也有人控诉。我想他们定是把我误认作镇政府的干部了。面前的这个老奶奶,我无法断定她的年龄,西北山区的恶劣环境让生活在这里的人们格外苍老。初见这些乡镇干部时,总以为他们的年龄比我大,实际不然,比我年龄大的人没有几个,许多人竟然比我小很多。老奶奶有着一张饱经风霜的布满皱纹的脸,如干核桃一般,穿灰色老式对襟上衣、黑色裤子,黑鞋子上沾满尘土。我努力了半天依旧没有听懂她的意思,我说出的话她也听不懂,即使我讲得很慢,她依旧茫然。我们俩比画几个回合后,她放下竹筐,一屁股坐在树下的台阶上,双手依然拄着拐棍,却不再理我,看来她已经放弃跟我交流。我带着一丝沮丧走到自己的摩托车旁,开始清理车座上的落叶与车身的泥渍。就在此时,黎书记从楼里出来,我急忙招呼他过来,一问才知,原来老奶奶是来找干部解决家事的,她的低保卡被尚未结婚的大龄儿子偷拿去后不还,她没钱生活,越想越气,于是早晨出门,走了二十多里路过来。黎书记不忍心让她再走回去,找了一辆车亲自送她回家,帮她解决家事去了。

老奶奶来自高山村,从镇政府驱车需要半个小时才能到那里。我第一次去那里,是与助学小组的成员们一起为那里的孩子们送图书。高山村的学校里多是学前班儿童,还有不到十一二年纪的孩子,我选购了些适合他们阅读的图画书,以及文具、玩具。我们到的那天,孩子们正在院子里奔跑打闹,有些在滑梯上嬉戏,滑梯有些小,是我们从另一所幼儿园调过来的,因为那所幼儿园的学生多,我们为他们配置了一个大滑梯,于是这个小滑梯就搬到了高山村小学。山里的孩子性格活泼,带着些野劲儿,但在老师面前都会变得规规矩矩,格外听话。他们在老师的指导下乖乖地站成两排,我们把玩具与文具一一放到他们手里时,感受到的是他们难以掩饰的喜悦,看到的却是他们一张张垂眉羞涩的脸与紧抿的嘴唇。

我最终还是决定出去吃点东西,或许用出去走走一词更加准确,因为毫无饿意,更不知要去何方。刚出院门,就看见一个五十多岁头戴土黄色围巾的妇女从我身边风风火火地走过,脚下带起阵阵尘土,她直直地朝镇政府大楼走去。直觉告诉我,可能要发生点什么。但我只侧身看了一眼,又转身朝前,或许走一走就知道自己想做什么了。果然,走了一会儿后,我快速朝河边的书画装裱店走去。店主是一个姓李的老先生,见到我后,忙放下手中的画框,倒茶给我。我曾请全国各地的朋友们为全镇的多所村小学写字作画,再统一交由他装裱,一来二去也就熟识了。店不大,正中间是一张又长又大的工作桌,墙上挂满了别人送来的,以及他自己创作的书画作品,地上放置了些装裱好的作品,店外则堆放了许多木料,都是做书画框用的。我们坐在店门口的小凳子上闲聊,聊小镇上一些写字作画的人、书画的技法,以及装裱的细节,等等。这样的时间过得快,我突然"啊"了一声,起身就要走。他忙问我何事,我边出门边回头解释说忘了件要紧事。其实,我是怕回去晚了食堂的饭菜都被吃光了。饭点时,大家会陆续进到食堂,吃饭的人不多,十多个人围坐两桌,标配是四菜一汤,外加一盆米饭或者一袋饼馍,所有的菜都放辣椒,开胃下饭。菜摆好后,大家开始吃饭。有的人来得晚些,见菜尚多,便坐下吃,否则便转身去外面吃了。

　　午饭后照例在树下站了会儿,明亮的阳光透过层层树叶落在我的脸上、身上。几个小孩子在不远处的阳光下,一起挤坐在滑板车上,从一个水泥路斜坡上大叫大笑着呼啸滑下,再欢叫着陆续跑上去，循环往复，乐此不疲。我与几个乡镇干部闲聊一会儿后便回了房间，准备接着与论文鏖战。前脚刚进门，桌上的手机就响了，是燕子的电话，接起来，没有声音，喂了几声，才听出她极力控制的情绪。

"书记，您现在有时间吗？"燕子问我。

"有，怎么了？"

"我心里憋得难受，又不知道跟谁讲，就给您打个电话，您现在忙吗？通话的时间可能有点长。"

于是，我便听她讲了这个因钱而起的事情，而其中的主角就是那个从我身边风风火火走过的女人。

前些天镇政府院内人流如织，许多村民前来缴纳医疗与养老保险，这个女人也来了。女人上午来时，正是人最多的时候，房间里站满了缴费的村民。忙过之后，燕子与同事红霞抓紧吃已发凉的早点。吃了几口，红霞便站起来寻找东西。

"你不吃东西做啥呢？"燕子问她。

"钱，你见到我的钱没？"红霞紧张地问。

"什么钱？"

"就是刚才尕杨还我的六百块钱，刚才我忙，我让他给我放在桌子上了啊！"

红霞找了半天，一直到下班，都没有找到。红霞哭丧着脸，瘫坐在座位上。

"你记得尕杨给你了吗?"

"给了。我清清楚楚地记得给我放在桌上了。"

"你再慢慢想想,别着急。"燕子宽慰她。

"我好像把钱给一个村民了。"红霞突然从椅子上站起来,神色越发紧张,"我那会儿忙得没顾上,以为是她缴费的钱,于是就留下了她应缴的,剩下的又给了她。"

"你确定吗?你再想想。"燕子也急了。

"确定。就是给她了。我怎么干这样的事!哎呀!真是!"

钱的去向知道了,但是如何要回来呢?燕子性子直爽,一向快人快语,在她的世界里非黑即白,她极力主张去要回来。尤其她也知道红霞家境不宽裕,刚工作工资少,还要供弟弟上学,六百块不是个小数目。红霞却有些犹豫,毕竟自己犯错在先,现在上门要钱,反倒替对方有些难为情了。再说如果对方死活不承认,自己岂不是毫无办法?两个人纠结了半天,一时竟没了主意。第二天时,两人相对而坐,虽无人提起,但六张崭新的红票子无时无刻不在她们眼前闪烁。最后红霞还是勉强听了燕子的话,下班后跟着她去要钱。

她们去的地方是高山村。高山村,顾名思义,立于山之高处的村子。从曲折的山路向上望时,村子如在云雾中,颇有世外桃源的感觉。到了近前,则会大失所望。高山村是一个贫困村,一百多户村民中绝大多数享受国家低保救济,村内道路狭窄,下山的路都不敢进行道路硬化，生怕赶上下雪，连人带车滑到沟里。

燕子与红霞很容易便打听到了女人的住处。女人的家在一处高地上，独门独户。她们沿着斜坡上去，敲门无人应，于是推门进院。正面是四间平房，裸露着灰色的外墙，左侧的房间只安装了房门，窗户是没有的，再细看，里面空空荡荡，只在墙角立着两袋粮食。右侧的房间相对完备一些，亮着灯，有人在里面说笑。院内的地面只硬化了一半，另一半散落着一堆砖块、一辆小推车，还有几件农具。直到她们俩推开右侧房门，屋里的人才发现有人来了。女人有着一张瘦削的脸，颧骨很高，薄嘴唇，见有人来，忙放下手中的香蕉，冲来人堆着笑，露出一口焦黄的牙齿。原来女人与丈夫正在给两岁多的孙子剥香蕉吃，他们的身前还有四五个红色的塑料袋，里面装满了水果与点心，还有一个袋内盛着三四块巴掌大小的羊肉。

听说是镇上的干部，女人明显愣了一下，接着坐到炕头，抱起孙子，背对着燕子与红霞，不再说话。身披老式中山装的丈夫讪讪地说自己有点事，侧身出了门，出门时看了女人一眼。一时间，屋内除了小男孩儿的咿呀声之外再无声响。燕子与红霞在进门处进退不得，尚未开口，两人便红了脸。终于，还是燕子开了口：

"阿姨，我们今天来是想问个事。"

女人头也没抬,似没听到。

"阿姨,是这么一回事。那天你不是去交医疗和养老保险吗……"燕子一股脑儿地把来意讲清楚,但她说得很委婉,怕伤到女人的自尊心。

女人依旧不动声色,也不转身,很长时间后才小声地说:"我没拿你们的钱。"

"阿姨,要不您把兜里的钱拿出来我们数一下,看看有没有多出来的钱?如果没有,那就是我们记错了,我们就回去了。"燕子重复了两遍这样的话。

房间里陷入了死寂般的沉默,连孩子也没有发出任何响声。

女人见推不过,便把孩子放下,转过身来,慢慢地把手插进裤兜里,但始终不把钱掏出来。

燕子有些急了,看了一眼红霞,红霞更是手足无措,似要转身出门离去。

"阿姨,我们的办公室里有摄像头,我们是查过监控录像后才来的。"燕子说出这样的话后,屋内的人都愣住了。女人明显变得更不自然,插在裤兜里的手有些抖,而红霞更是一脸茫然地望着燕子。

此时,女人的丈夫掀开门帘侧身进来,走到女人身边低声对女人讲:"快把钱给人家吧。"

女人不情愿地从裤兜里掏出一个灰色的手绢,然后慢慢地一层层地打开。男人一把抓过来，数出六百块钱准备递给燕子，手绢里只留下一百块以及几张零钱票。

女人哇的一声哭了出来。

"这样的话，我就少了一百多块。"

应是受到了惊吓，孩子也跟着哭了起来，女人忙抱起孩子。燕子与红霞看了眼孩子，又看了眼孩子跟前的那堆塑料袋，顿时明白了。对贫困的村民来说，儿女一年能给几百块的生活费已经是不错的了，他们每一分钱都用得节省。女人平白得了六百块钱，既交了医疗与养老保险，还剩下三百块，自然是满心欢喜，等了一天见没人来，以为这笔钱就是自己的了，一高兴便买了很多东西。现在要退钱回去，这些东西就变成自己所买，内心怎样都无法接受。

"我也有错，要不我少要一百，给我五百吧。"红霞小声地说。

女人抱着孩子仍在抽泣，女人的丈夫听后迅速从中抽出一张，将剩余的五百块钱给了红霞。

"别哭了，人家这不给你补了一百吗？"男人转身面露喜色地安慰女人。

事情就这样顺利地解决了，燕子与红霞是这样认为的。但如果是这样，就不会有后面发生的一系列事情，燕子也不会给我打这个电话了。

也不知女人从哪里听说办公室没有摄像头，她感觉受到了欺骗，第二天一早，就怒气冲冲地跑来，进门便质问燕子摄像头在哪里。她要燕子与红霞把监控器拿出来，否则就把五百块钱还给她，因为那是她的钱。

争论是避免不了的。面对女人的无理取闹，红霞与燕子没有退让，也没有办法退让，只能不理她。女人闹过之后，双方僵在那里。恰巧刘副镇长进来安排工作，女人见有领导来，便添油加醋地讲了一遍。燕子与红霞也解释了几句。还未听完，副镇长已然明白了个中缘由。

"走，我带你去司法所讲一下。"

"你是领导，你得解决。"女人坚持。

"我们有专人解决这个问题，你跟我来。"副镇长声音不大，但很坚定。

但没想到，女人竟毫无征兆地晕倒在了司法所。司法所所长急忙派干部把她送到政府对面的医院，一番检查后，毫无问题。干部带她回来的路上碰到一个熟人，聊完几句后转身，发现女人已不见踪影。

下午时，女人又出现了。这次她不再找燕子与红霞，而是直奔刘副镇长的办公室，至于他们谈了什么，我们不得而知，副镇长答应给她二百块钱的困难补助。

第三天上午，女人再次跑了过来。也就是我见到的这一次。女人跟副镇长哭要自己的五百块钱，当然，困难补助她也没打算放弃。副镇长被纠缠得恼火,就把燕子和红霞劈头盖脸地训了一顿,并责令她们俩登门解释,妥善处理好此事。

燕子给我打电话的时候,正是被副镇长训斥后。燕子觉得委屈,跟副镇长顶了几句嘴,结果招致更严厉的批评。

"我登门去,不管说什么,不都变成道歉认错了吗?我们丢不起那个人!我们就是这样跟刘副镇长讲的,但他非要我们去。您说我们该怎么办?"燕子愤愤地讲。

"那我和刘副镇长商量一下,看看他有没有更好的办法。"虽这样说,但我却是一点主意都没有。吃完晚饭后,我见到了刘副镇长,交流之后我问他准备怎么办。

"唉,能怎么办?泼烦得很。现在扶贫任务这么重,哪有多余精力管这件破事。可恨之人也有可怜之处,打不得,骂不得,本想给她点钱让她别闹了,她还不依不饶上了,气得我都想警告她再闹就把她的低保取消。"刘副镇长一脸的烦躁,"等等看吧。"他叹了一口气。

这一等,等来了更大的麻烦,这也是我随后听干部们讲的。女人的儿子从兰州打工回来后,听说娘被人欺负了,当天就气势汹汹地开着家里的三轮车跑来找刘副镇长,并提出了三个要求:还钱,道歉,要四百二十块钱的特困补助。刘副镇长哪能答应,有火不能发,只能耐着性子跟他讲道理,做工作。见没有效果,女人的儿子悻悻地回去了,可回头女人的儿媳又来了,这次并没有提出三个要求，只是提出要特困补助。至于刘副镇长是如何应对的，我就不知道了，也没人跟我提过。

等到再后来，我问燕子这个女人与家人有没有再来，燕子说没有再来，我便问她事情的结果究竟是怎样的。

"就那样，她还想怎样？"

"她这样闹，内心就没有愧疚吗？"我这样问过燕子。

"一是太穷了，为了钱；二是怕邻居说她，所以跑过来闹一闹，证明清白。他儿子跟儿媳妇应该不知道真相，真以为自己母亲受委屈了，所以才会情绪激动地过来找我们。"

穷固然是一个原因，但对于这个女人而言，面子才是更重要的东西吧，邻里的风言风语可没几个人能消受得了。

这件事情就这样悄无声息地解决了，如同小镇上发生过的许多事情一样，不管曾经多么轰轰烈烈，一下子就没了声息，随着穿镇而过的冶木河流远了，也迅速被大家淡忘了。

我再次看到那个女人时已是冬月了，正午的阳光很暖，她领着孙子在河边集市买当地产的啤特果，依然戴着那条土黄色的头巾。她选了四个，付钱的时候跟对方讨价还价了一番。孙子趁她不注意，伸手抓了一个，结果没拿住掉在了地上，原本就软的啤特果变成了一摊果泥。女人狠狠打了他的手一下，拉着就走。孙子哇的一声号啕大哭起来，哭声洪亮，撕心裂肺，但终究还是淹没在集市嘈杂的声浪里。

四十盏路灯

是谁
从蓝天上扯下一抹白云
挂在了我们的脖子上
成了一条雪白的哈达
让阳光深入每一片土地
从此,神就在孩子们肩上
天堂不再遥远

/ / /

任职的村子很大,我也是后来才慢慢体会到。

村子有六个社,分布在山上与川下。第一次从镇上到村里,我走了很久才到,起初以为只是山脚下不大的一块地方,后来才发现远远超出我的想象。村子里有面积广阔的高山草场,我听过,却从未见过,甚至想象不出它的模样。有天上午九点多钟,我在房间里工作,镇书记敲门,他问我是否很忙,我说不太忙,于是他让我跟他走。我问他去哪里,他说带我好好转转任职的村子。

我自然是开心的,急忙拿起外套随他一起下楼,上了那辆停靠在核桃树下的白色越野车。车是县里淘汰下来的，早已过了报废的年限，动力差些，在镇里以及临近的乡镇跑几个来回还是可以，于是也就凑合着用。看到那棵核桃树，我也仿佛看到他经常如同这辆车一样立在树下，由于不胜酒力，但又不得不喝，结果就是回到院里，右手扶着树，左手叉着腰，遇到来人，费力抬头小聊几句。见我在旁边坐好，他发动后出了院门扭转车头就往山上开去。

昨夜下过一场雨，地面还未干，若等到太阳冲破云层，不消一会儿地面就会变得干燥一片。这也是让我惊奇之处，小镇多雨雪，可雨也好，雪也罢，经常太阳一出，雨雪变得无影无踪，让人怀疑是否真的有雨雪落下过。车在小镇最核心的街道穿行，两侧有拎着早餐的姑娘、小伙子急匆匆走过，有些是乡镇干部，有些是去做事的人。因在深山之后，又是高原，所以五月的冶力关镇仍有凉意。我看了看自己身上的厚外套，以及毛衣，想起此刻的北京早已是初夏的模样了吧，自己这身装扮出现在街头定会是一道怪异的风景。

镇书记虽然很少亲自开车，但他性格谨慎，即使行驶在危险路段，我也是踏实的。有次有个司机性格格外急躁，在盘山路上疾驰，我让他慢些，他反倒取笑我，害得我只好系紧安全带，右手紧紧抓住车门上方的把手。后来他为了缓和气氛，就讲自己有次载了乘客,同样也是开得飞快,结果路口拐弯的时候,一辆车抛锚停在路边,他的车在电光火石间从停靠的车旁呼啸而过,伴随着后排乘客不停的大骂声。或许他可能是想证明自己的车技了得,我没兴趣理他,只是让他安心开好车。他见我无动于衷,接着又讲了一个故事,这次换了主角,由他换成了他的朋友。他的朋友与一群人酒后驾车狂飙,一个车内坐了六个人,一个司机,后排三人,我问他那俩人呢,他说在副驾驶,我当然是怀疑。他解释道,是他朋友与其女友,女友坐在他朋友的怀里。我嫌他啰唆,问他结果。他说都死了,除了他的朋友。我倒吸一口凉气,原来是车速过快,拐弯时直接撞到了路边的树上。一车人,只有他朋友命大活了下来。他在讲述他们都死掉的时候,是笑着跟我讲的,如同谈论一件微不足道的事情,我愤怒地跟他讲,你朋友还不是有人给他缓冲,他才活了?接下来一路无话。我唯有在内心祈祷乘坐他的车的人越少越好。

小镇还有一个月才会陆续有游客前来,所以依然静谧。我们的车速不快,路上的车辆与行人稀少。太阳正慢慢冒出来,至于是从哪里,是何时,我是始终摸不透规律的。雨后的天空湛蓝,蓝得深邃、蓝得纯净、蓝得晃眼,团团白云白得绵密又透亮。我摇下车窗玻璃,清冽的空气在肺腑内激荡,纯净微甜。车在盘山路上行驶,如同在画中。每一次不经意的侧身望向山下,每一次在转角处爬坡时的仰望,都令我忍不住掏出手机将这些美妙的图景留存。镇书记让我不急，最好的景致还在前面。行驶途中，他给我讲着村子的情况，有时我问他现在哪里，他说是我的村子。如此三次，答案皆是。我才恍悟，步行看完全村的话，还不知要走几万步，或许一天的时间都很难去到所有的地方。

他果然没有骗我，最好的景致在前方。我们驱车来到冶海的背面，我们的身后是高山草场，身前也是草场，我的目光随它延伸，越过冶海，望向绵延的群山，在群山的峰顶，覆盖着皑皑白雪，一条雪白的线条与白云交织在一起，横亘于天地间，无尽延伸，不见首尾。我恍惚于这种壮美，定定地看着它。像一条哈达，脑海突然迸出一句话。是的，像一条哈达。于是想到了孟伦兄赠我的一首诗，题目为《哈达》，他是这样写的：

是谁
从蓝天上扯下一抹白云
挂在了我们的脖子上
成了一条雪白的哈达
让阳光深入每一片土地
从此，神就在孩子们肩上
天堂不再遥远

我还想到了肯哥写的一首诗《积雪之梦》，他写道：

我走到哪里

哪里就会有生命、成长和歌唱

就会有绿色手帕在枝条上飘扬

从一棵树到另一棵树

从一支琴弦到另一支琴弦

像手指奔跑在琴键上

沿着密林小径优美地流淌

我们俩在雪山前欣赏了许久才离开。下山时,他带我从山上的村民住处经过。此时太阳高悬,阳光直直地射下来。村子安静,偶有一两个行人在街头闪现,几只野鸡在路边的草丛中扑棱棱地起起落落。

"山上的条件还是艰苦些。"我跟他讲。

"以前是苦着呢,这些年好多了。"

"他们还能搬到山下去吗?"

"不成着呢,没地方了。"

"山上还有什么地方需要改善?"我在想能否帮山上的村民做点事。

"接下来进行道路硬化,如果有多余的资金就给他们安几盏路灯。"他目视前方回答我的话。

"安装路灯的经费够吗？"

"还不知道呢。"

我曾多次下午上到山上村民的家中聊天、开会。当我从村民家出来时天整个黑下来，四处皆不见，村子沉入了铅一般的暗夜，那些从房屋的窗户中透出的光亮只是浅浅地映在小小的一方土地上，偶尔的狗吠愈发衬托出山野的寂寥。

在不久后的一个黄昏，我再次去到山上村民家里，召集全社的村民开会。照例是尕虎开车，平镇长陪同。会议沉闷又热烈。村民大多数时候在听，可一张嘴，尖锐问题迎面而来，并在沉闷的空气中引爆，好在道理大家都明白，加上耐心的讲解与解释，最终会议取得了预想中的效果。

出了门，一片漆黑。只得借助手机灯光小心翼翼地沿着斜坡走向路边停靠的车子。

"我们应该安装一些路灯。"我像是自言自语，亦像是对身旁虽近在咫尺却难以看清的平镇长说。

"是啊！"他拉长了声音讲。

"目前镇里有计划吗？"

"这个说不准，目前配套经费还没到位。"

"要不我跟单位申请一下，我来做吧。"

"能行吗？"他有些犹疑。

单位领导听到我的申请后，立马便拨付了相关资金。接下来，我与镇、村的干部们认认真真地研究起此事。那几天，我们整日在村巷内穿行，思考着路灯安放的距离与位置，我们的讨论被路过的村民听到，便笑着要求离自己的家门口近一些，也有人善意提醒购买的路灯质量好一些，不要没几天工夫就坏掉了。我们也都笑着说好。大家做事的热情很高，效率也快，等到路灯被卡车运送来后，村民们便在选好的地方挖坑、浇筑，无非是一周的光景，四十盏路灯如哨兵般便齐刷刷地竖立在这个小山村里。

当最后一盏路灯安好的那个夜晚，我迫不及待地去到山上。上山的路一团漆黑，车灯横扫着黑暗，行至拐弯处时，远远地就看到高高的山腰处有一盏灯，灯光温暖明亮，那是我们专门为这一户村民安装的路灯。再一个拐弯，只见那条通往村里的水泥路满目光亮，这是一条光明之路，黑暗，被彻底甩在了身后。"天上的街灯亮了"，脑海中反反复复回响这诗句。

车未停稳，我就推开了车门。下了车，我轻轻地抚摸每一盏路灯，一盏、两盏、三盏，我在心中默念。有人在村里走动，也有几户村民正站在门口聊天，自然，他们是微笑的、开心的。他们见到我，跟我打招呼，我也大声回应他们。一户养牛的村民正赶着几头牛回家,他们的身影在灯光中时而很长,时而极短。而我,抬起头,望向布满星辰的浩瀚夜空,群星明亮硕大,站立于街口,放眼望去,四十盏路灯与低垂的星星交织在一起,光亮洒满了这个高山的村落。是啊,所谓的蛮荒之地,所谓的穷乡僻壤,究其本质,都与黑暗紧紧牵连在一起。如今,光亮降临了,世间的美好还远吗?

是生活教会了我谦卑。

我不再像之前那样轻易断言。

所谓的悲悯与愤怒随时面临着转换,

唯有小心翼翼地去表达对某件事情的看法。

是谁

从蓝天上扯下一抹白云

挂在了我们的脖子上

成了一条雪白的哈达

让阳光深入每一片土地

从此,神就在孩子们肩上

天堂不再遥远

池沟村群山纵横,

自然条件差,一块块耕地像补丁一样散落在山腰。

我常想象他们的日常生活,

那些交通不便、缺水少电、毫无经济来源的日子。

谷底是一条不宽但平坦的石渣路,

几条小溪在两侧草地上流淌,

然后再在我看不到的地方汇聚,

流向我猜不出的远方。

几十个蜂箱摆放得齐齐整整,
周围的一切同样井井有条、干干净净。
龙聃变了。
从此以后,在我的心里,
他就是真真正正的养蜂人龙聃了。

小镇生活缓慢而悠长,在这里有过往有未来,
有传统有现代,有落后也有开放,
这其中既有地理上的缘故,
也因生活方式、
思维习性等依旧保有浓厚的农业文明基因

在小镇的日子里，我始终在学习如何独处。

旷野无人，天地静寂，一人独坐，是独处；

人来人往，众声喧哗，穿行于其中，却又与己无关，同样是独处。

"量力而行，尽力而为"，

这八个字如同一束微光，始终引领着我，

不让我的激情被现实中的种种困难与无奈消磨干净。

很庆幸在自己的生命中有这样一段美妙的旅程,

将我从固化的生活轨道中抽离,

投入到充满新奇未知的世界。

我知道,有些东西悄然发生了变化,

我感受得到,并且欣喜于此。

芒拉乡死亡事件

来小镇前，我知道我将会有很多的迷惘，
现在，我却对我现在的迷惘产生了迷惘，
或许我注定要带着这些迷惘离开这里。

/ / /

一

接到尕泰电话的时候我正跨在摩托车上一动不动地看云。

"书记，做啥着呢？"尕泰的语气匆促，明显带着一股情绪。

"没啥事，你怎么啦？感觉气呼呼的。"

"哎呀书记，我现在遇到一个事，泼烦得很。我明天回镇上取东西，你在办公室吧？我来找你坐一下。"尕泰一口气说完，没等我说"好"便挂了电话。电话那边的声音嘈杂，频繁传来车喇叭的声音，他应该是边开车边给我打的电话。

如果说我在镇上有什么爱好，闲时到山里兜兜转转算一个。到甘南小镇任"第一书记"一晃一年零九个月了，有时工作时间久了想放松一下，或者在房间觉得憋闷需要透透气，我便拿起头盔下楼，跨上那辆我钟爱的火红色彩的125摩托，它有一个动听的名字——雪域圣峰。每次，我都从小镇的内部穿行几公里到池沟村村口，然后沿着盘山路，一圈又一圈地往上去，最低的挡速，最大的马力，持续发出响亮的轰鸣声，沿途不时有三五只灰褐色的野鸡扑棱棱地从路边草丛中惊起。待到了山顶平缓地段，提高挡速畅快跑几十米，接着再降挡，加大油门，继续去到更高的山顶。山顶风景极美，但我较少停留，而是扭转车头从另一条山路顺势而下，进入一条峡谷之中。谷底是一条不宽但平坦的石渣路，几条小溪在两侧草地上流淌，然后再在我看不到的地方汇聚，流向我猜不出的远方。峡谷的两侧是天然肥美的高山草场，数不清的牛羊在斜坡上，或者悠闲地吃草，或者缓缓地游荡。有次我停在路边，冲不远处高地上的一头健硕黑牛按喇叭，它抬头看了我一眼，与我对视，大大的眼中一片茫然，几秒钟后低下头接着啃食青草，驱赶蚊蝇的尾巴不停甩动。

　　那天的清晨刚下过雨，山谷安静，空气越发清新，草香丝丝缕缕随轻风弥漫，沁人心脾，的确，再也没有比这更恰当的词语了。我知道，三个月后任期结束回到北京，是很难再呼吸到这般清新的空气了。雨后的云低垂，高低错落的连绵山峦全部钻入云中，抬头向山顶望去，只见一条平直的云线将群山裁剪得整齐划一。这景象竟让我停驻下来，坐在车上安静地端看了许久。

尕泰从小镇调去芒拉乡已经快一年了，虽说距离远了，但联系并没有减少，他时常跟我通电话，扯一些工作与生活琐事。受我的影响，他喜爱上了喝茶，并跟我一起买紫砂壶与建盏，练习品尝各式茗茶。尕泰的工资不高，上有老下有小，还要还房贷，经济压力不算小，能将钱用在这些玩物之上倒是出乎我的意料。有次我问他缘由，他回我说："人活着不能吃了睡，睡了吃，也不能天天工作，要有精神上的追求。"我嘴上没说什么，只是微笑着点了点头，内心想的却是："是啊，好歹也是一个不错大学的本科生，精神追求是要有的。"尕泰在小镇生活、工作二十多年，突然离开到别处去，不适肯定会有，但其中更多的还是工作上的难题与苦恼。有些我还可以告知他解决的方式方法，而有些我同他一样束手无策。

二

第二天下午四点多钟，尕泰来了。黑着个脸，胡子拉碴，进门后递给我一个牛皮纸袋。原来是古树红茶，他留了一半，把剩余的一半带给了我。

"喝不喝茶？"我问他。

"喝！"他边说边准备坐在门口那张皮革尽显的棕色沙发上。

"喝你带的这个,还是喝点别的?"

"喝最好的嘛。"尕泰开玩笑地说,他背靠着沙发,跟塌陷的沙发一样瞬间松弛下来。

"今天怎么这么早就能回来?请假了?"我边烧水边问他。

"周五下午事情少,提前走了一会儿。"

十分钟后,我泡了一壶茶,放在小桌子上,并在他对面的椅子上坐下。

"唉!书记,你说我咋办着呢?唉!泼烦得很!"

我从未见尕泰这般模样,往日的尕泰多笑嘻嘻,年龄不算大,精于人情世故,虽然私下也有牢骚,但都不如此刻严重。

"别着急,慢慢来。"我给他倒了杯茶水。

"这些天我包的那个村进行了一次低保调整,结果死了个人,我现在都不知道咋弄了。"

"啊?怎么回事?就是你以前跟我讲的那个罗沙沟啊?"这件事让我有些震惊。

"嗯!"尕泰的回答很用力。

在我挂职的地方,除了乡镇书记、乡镇长,几乎每个乡镇领导都要分管一个村,他们每人带三五个乡镇干部与村支部书记、主任等一起负责全村的大小事务。尕泰作为芒拉乡的纪委书记,除了本职工作外,也负责一个名叫罗沙沟的村子。我从未去过那个村子,但通过尕泰跟我讲述时的神情,我能判断出那是一个自然环境特别恶劣的地方,我甚至可以想象出那里的模样。村子不仅离乡政府很远,路况也艰险,雨雪天是轻易不会去村里的,特别容易出事故。即使是七八月天气好的时候,也有连人带车摔下深沟的事情发生。我曾经见过这般凄惨的场景,一群人或站或蹲在山脊上,看着五六个青壮年抬着一个用被单裹住的人从沟底往上爬,一辆黑色的桑塔纳早就面目全非,在沟底四轮朝天,杂乱的大声吆喝与女人撕心裂肺的号啕在山谷中交织回荡。

听了尕泰的话我明白了,原来又到了低保调整的时候。低保政策已经实行多年,它可以确保那些丧失劳动能力的人与经济来源较少甚至没有的贫困家庭能够正常生活,在脱贫攻坚工作中,它的作用是巨大的,但在执行过程中也存在这样那样的不足,一些不公正不透明的情况也见诸各地报端。这次国家颁布的低保政策更完善,要求更严格,标准更细化并一一列出,严令只有符合条件者才能领取,无形中让一些人不习惯、不自在、不痛快。半个月前,罗沙沟的包村领导与村干部按正常的程序进行开会评选,将所有可以享受低保政策的家庭以红纸黑字的形式贴在村委会的公示栏上。公示期后,罗沙沟村委会便召开了村民代表大会,要求每户选派一人参加,进行低保标准的分类评议。

罗沙沟村委会位于村口,是一座翻建的二层小楼,上下各有四间房。一层主要是办公室、农家书屋、值班室,二层是党员活动室、会议室,以及储藏室与休息室。下午两点半,五十余位村民代表陆续来到村委会。岁数大的男人大多戴着帽子,身着黑色或青色的外套,年轻小伙子则衣着单薄些,而女人多用头巾包头,上身的短袄颜色各异。会议由村里的杨书记主持,尕泰详细介绍了贫困户的分类标准与评议办法,然后包村干部们按照文件要求,一家一户地进行评议。没一会儿,便有人点燃了进门前掐灭的半截烟卷,有人从口袋里掏出一根香烟用火柴点着,房间里瞬间烟雾弥漫。起初杨书记让他们掐了,但随着评议的深入,气氛愈加沉重,不断有人点起烟卷,有人咳嗽,有人小声表示抗议,也有人起身拉开半扇窗户。烟雾像是得到了口令,不停地向窗外流去。

"你们整体的评议怎么样?顺不顺利?"我问尕泰。在我的印象中,一大堆人坐在一起谈论彼此该享受的低保福利,尤其名额又是固定的,无论如何都不是一件和谐融洽的事。我真是怕有人一言不合引起摩擦,进而对骂,最后动起手来,酿出事端。

"基本顺利吧,我们前期做了很多工作,左邻右舍的情况差不多都了解。争议肯定有,但也不严重,最后都能接受。"尕泰平静地回复我,"没想到到了最后一家出问题了,羊得才和他媳妇当场就闹起来了。"尕泰突然有些懊悔。

"羊得才是干吗的?不是一家就出一个代表吗?他媳妇也来了?"我好奇地问尕泰。

"我也没考虑那么多,也不知道怎么两人都来了。他们是2014年确定的精准扶贫户,他跟他媳妇在大家评议前先说了自己的一通困难,说他们家是罗沙沟最贫困的,没有经济来源,上有老人赡养,下有娃娃上学,反正就是说自己穷,他们全家都要享受低保中的一类与二类标准。"

"那你们最后怎么评议的?"

"我们还没来得及说,就有俩村民当场表示不满。"

那天羊得才跟他媳妇还没讲完就有人表示反对。对门五十多岁的王永红瞟了他们一眼,转向尕泰,尖着嗓子说他们两个大活人,也不出去打工,整天就知道躺在炕上聊微信,一个月的手机话费就要一二百,怎么好意思申请一类二类低保。他们社的社长张西林也提出来,羊得才虽然有两个娃娃,但是现在都在乡政府驻地上学,享受着国家义务教育的补助,这样的申请不合适。

羊得才也是四十多岁的人了,这些话甩在他脸上,他立马脸红脖子粗,像一只准备战斗的大公鸡,但又不知该如何反击。

"邻居跟羊得才的关系一般吧?"在我看来,能这样当众讥讽一家人,要么是特别亲近的朋友,要么是特别反感的仇人。

"王永红跟他们家有一年多不说话了。好像是有一次王永红家的小狗跑到羊得才家,偷吃了院子里的一块肉,被羊得才发现后狠狠一脚踢出很远,小狗最后是爬着回去的,回去没多久就死了。羊得才没说,王永红一家也没言语,但两家的关系突然就不好了。社长跟他们家的关系也一般，前些天硬化路面，张西林让他们把门口的垃圾清理掉，免得耽误施工，结果不知哪句话惹恼了羊得才和他媳妇，三个人说着说着就吵起来了，最后垃圾也没打扫，还是施工队帮着清理的。他们家啊，在村里的口碑很一般，邻里没几个关系好的。"

最终羊得才夫妇没能说服众人，并且也没人帮他们家说情，包村干部和村"两委"班子临时开会决定给予他们一家五个三类低保。一类低保是每人二百九十元，二类低保是二百七十五元，三类低保是八十四元，到手的补助金跟以前比起来要少得多。羊得才夫妇虽说一万个不愿意，反复嚷着这样不公平，说有人欺负他们一家，可票数的结果在那儿摆着，他们也只能无奈接受。散会的时候已是五点半，天空阴沉，村民陆续离开村委会，村文书用毛笔将评议结果写在早已备好的红纸上，涂着刚熬好的糨糊盖在前几天的第一榜上面。

三

天色暗下来，小片的雪花从天而降，悄无声息，它们在路灯的映照下隐现飞舞。甘南的天气总是出人意料，在全国大部分地区已经转暖的时候，它依然寒冷，并且时不时来一场降雪。起初我会新奇欣喜，拍了照片发给远方的朋友，后来待久了也就见怪不怪了。五月份的甘南州府合作市依然会下冰雹，甚至到六一儿童节前后仍有降雪；至于合作市与小镇之间的美仁大草原，七八月份时一面是鲜花遍野，令人目不暇接，另一面则乌云密布、雨雪交织，寒凉之气令人叫苦不迭。

当羊得才夫妇将自己八十一岁高龄的老娘用电动车拉到乡政府院子中央的水池边，扔下不管径自离去时，大片大片的雪花正纷纷落到潮湿阴冷的大地上。此刻是晚上七点半，也就是散会两个小时后。

听到这件事，我难以置信地张开嘴，一时竟怔住了。

尕泰的办公室正对着院子中央的水池，因为从村里回来得晚，食堂已经关门，乡上仅有的两家饭馆也是黑漆漆的，他只好在办公室煮了一碗泡面。吃过不久，还没刷饭盒，他就看到了这一幕，于是急忙冲下楼，靠近了才发现此人竟是羊得才的老母亲。老人穿得单薄，半倚靠着水池边，身上盖着一条破了洞的小棉被。

"你在这儿做啥着呢？你儿子哪儿着呢？"尕泰忙蹲下来，反复大声问她。老人神志不清，软绵绵地咿咿呀呀，不一会儿便晕了过去。尕泰忙招呼几个同事将她搀扶到办公室，让她躺在沙发上。几个人着急忙慌地倒水，进进出出地找吃的东西。屋内炉火正旺，老人身上寒意退去，双手回温，但依然双眼紧闭。尕泰给镇党委夏书记打电话汇报此事，领导的意见简单又严厉，要求羊得才抓紧把老人接回去。

尕泰先跟村里的杨书记要来羊得才的电话,接着拨了过去,手机关机。尕泰内心像有一个愤怒的火球,无处发泄,只好又跟夏书记汇报。夏书记在乡镇工作几十年了,虽说工作经验丰富,但还是头一遭遇到这种事情。他让尕泰给村干部打电话,勒令他们派车来接。罗沙村的杨书记与张社长听说此事后,一方面大骂羊得才,一方面均表示拒绝。"自家的娘自家不管,我们咋管?"这是张社长的原话。

"哎呀,书记,我当时气得脑子嗡嗡的,手都哆嗦。碰上这种人真是没办法,我在院子里转圈圈。"

"最后怎么解决的?"听尕泰讲完这些,我也按捺不住了。

芒拉乡的夜晚格外冷。除乡政府外,周边房屋的灯光多半熄灭了。时间一秒一秒地过去,尕泰决定亲自去一趟罗沙沟,他要把羊得才带到乡政府来,让他把老母亲接回去。自己一个人去肯定不行,于是他联系了派出所。听到是这种事,派出所所长带着两个民警很快来到了乡政府。十点钟时,他们出发去罗沙沟,路黑且滑,十点半到达罗沙沟时,全村早已陷入死一般的沉寂。张社长带他们来到羊得才的家门口,大门紧闭,房内亮着灯。张社长叩了几下门环,没人应。尕泰上前用拳哐哐砸了十多下后,羊得才才从屋里骂骂咧咧地出来,开门后见有警察,一时慌了神。尕泰让他上车,他竟没有任何言语,只是回屋取了外套,并跟屋里的女人来回拌了几句嘴。

  从罗沙沟回乡政府的车上,尕泰忍不住训斥羊得才,缓过神来的羊得才则一个劲儿地大声说三类低保的钱不够赡养老娘,要把老娘交给政府来养。尕泰试图说服他,丝毫无用。最后在民警的呵斥下,他才闭了嘴,可依然自顾自地嘟囔着什么。十一点多的时候,尕泰把羊得才带到老母亲身边,一群人围着他痛骂他的不对。可批评也好,教诲也罢,羊得才像一只倔强的牲口,瞪大了眼睛,除了那句钱少不够养老娘外,再无他话。可不管怎样,自己的老娘终究是要接回家的。当羊得才与一个女干部一左一右搀着老人从楼上慢慢下来,其余人也准备先后散去时,老人突然浑身抽搐、口吐白沫、小便失禁。众人慌作一团,忙把老人拉到卫生院。卫生院哪见过这样的情况,无从判断是何种疾病,建议他们抓紧去临近条件好些的镇医院。雪依然下得紧,是否去镇医院,众人想法不一。考虑到老人的身体状况,尕泰让羊得才拿主意,若去就抓紧走,若不去,就抓紧回家。羊得才嗫嚅着说回家吧。尕泰反复跟他确定,最后把羊得才娘儿俩送回了罗沙沟。等他回到乡政府办公室时,已是凌晨。早上七点钟,尕泰就被电话吵醒了。

  "羊得才,又咋着啦?"尕泰怒气冲冲地问他。

  "去看病没钱着呢。"羊得才的口气也很冲,诉苦说他付不起带母亲看病的车费。

"噢，调了低保就没车费了？就不管自己的老娘了？"尕泰愤愤地对我说。

"你给他了吗？"

"我让他找村主任想办法，先看病，看完病再说。"

"那他带母亲看病了没有？"我问尕泰。

"肯定没去嘛，老人第三天就木了。"

"死了？你之前说有人死了，指的是羊得才的母亲？"

"嗯，怎么着就死了木！这下可好，羊得才和他媳妇就开始闹了。"

第三天，羊得才跟他媳妇拿着手机从家到乡政府一路拍摄，他们在视频中质问，为何原本好好的一个人，去了一趟乡政府就死掉了，他想不通。视频中的他悲痛欲绝，他哭问还有没有领导给他主持公道。他在视频中未提及前因与过程，只是不断地描述自己母亲死掉前后的情况，并把视频发在朋友圈、微信群。一时间，此事在全乡、全县，甚至全州传播开来。

"唉，书记，你不知道我的压力有多大，我们乡上领导的压力也大，县里领导也有压力，这件事的影响太恶劣了。"

"遇到这种事，肯定压力很大，不过你们一般都怎样应对？"

"目前政府对不能辨别真假的视频的处理办法不多，主要根据事件的严重程度，要么处理一两个干部完事；要么给予当事人一些钱财物，缓解矛盾；要么就是不管不问，慢慢也就大事化小，小事化无。"

"这类事还有不管不问就过去的？"

"有着呢，有人无理取闹，看没人理也就过去了。"

"羊得才的这件事，你们乡上啥意见？"

"我们对这类穷、懒人哪有什么处理办法，村规民约更是无法约束他们。后来我带着村书记、主任去跟羊得才谈，帮他料理老母亲的后事，又从民政上帮他解决了一千元的补助，还给了五袋子面粉。"

"能这样解决也挺好的啊。"我叹了一口气。

"没解决了啊！出殡那天，羊得才又在棺材前撒泼耍浑，一把鼻涕一把泪地说他母亲多么多么可怜，把前些天的无赖举动又演了一遍。"

听到这里，羊得才在我心中的形象一下子变得复杂起来，我有些哭笑不得，内心五味杂陈。羊得才如法炮制，将在坟地哭诉的视频发布到网上，全乡、全县、全州的很多人又在手机上看到他悲恸欲绝的身影。

"唉，书记，你说我咋办呢？乡上领导让我妥善处理，处理不好就是我的责任，我看我也干不长了。"尕泰仰靠沙发，话语里充满了难言的沮丧。

"是啊，怎么办呢？"我也在问自己。

"其实你也知道问题出在哪里,对不对?实在不行,就把他们家的低保调整一下。"我终于还是说出了这句话。

"那怎么行!这是村委会和全体村民集体评议的,给他调整了,别人怎么办?"尕泰情绪激动,连忙否定了我的提议。

我们俩再次陷入沉默。后来我起身去走廊另一头打水,尕泰在门口喊说有事要做,不跟我一起吃晚饭了。我远远地挥了一下手,应了一声,他的身影在楼梯口闪了一下不见了。

四

几天后一个周末的早晨,有人敲门,我从床上起身,穿衣去开门,原来是尕泰,面容洁净,神清气爽的模样。他问我早饭怎么吃,我回他说准备熬点小米粥。由于饮食与天气的缘故,我的肠胃已经出现了问题,有时会胃疼,胆囊也经常发炎,早饭再也不能不吃或者凑合,只好买了一个电饭煲煮粥。尕泰提议去金龙手抓店吃羊肉,我竟然想都没想就答应了,虽然知道应该少吃这样的食物,但仍旧忍不住。小镇的羊肉极其美味,引得我隔段时间总要吃一次。

金龙手抓店离住处不远,从镇政府大门出来右拐,在第一个路口再右拐,沿马路向上走就到了。拉门进去,还有一张空桌,其余六七张桌子围满了人,有人在吸溜吸溜地喝羊汤,有人在咔溜哧溜地吃拉面，没吃到饭的人坐在烤箱旁不停地搓手取暖。老板正在切肉，见是我们，隔着厨房玻璃冲我们笑笑。坐定后还没等店员过来，尕泰就冲她伸出两个手指头，"两碗清汤。"店员于是转身去了厨房。说是"两碗清汤"，其实是两碗清汤羊肉。羊肉是早就煮好的纯瘦肉，切了满满一大碗，放入小葱香菜辣子后浇上滚烫的羊汤，然后冒着热气被端到我和尕泰面前，随之而来的还有两碟酥软的白面馍馍。

"书记，吃蒜。"尕泰递给我一头大蒜。

"哎呀，吃嘛！吃肉不吃蒜，营养减一半。"他见我犹豫，加了这么一句。

此刻我也顾不上少吃辛辣的禁忌，抓过来剥了几瓣放到碟子里。

羊肉鲜美，喝几口汤，吃几瓣蒜，额头慢慢渗出了细汗。

边吃边聊，又聊到前些天的那件事。我开玩笑地问他，今天精神状态不错，是不是羊得才的事情圆满解决了。

"不至于不至于，乱七八糟的事情太多，也不差这一件了。主要今天跟你吃顿羊肉美得很。"尕泰回答我时也没忘记咀嚼。

"那羊得才的事最后是什么结果？"我知道他在开玩笑，继续问他。

"解决了，我这些天跑了好几趟罗沙沟，和村里的书记、主任一起找羊得才谈了几次，最后把他们家的五个三类低保调成了四个二类低保。"

"调整力度够大,现在不担心村里有人提意见了?"我知道要解决这件事最终还是得落实到低保调整上,只是没想到全都调成了二类低保。

"有意见也顾不上了,真是没办法啊!不给就闹,再闹下去,我也该被免职了。"

事情能圆满解决,总归是件好事,但我无论如何都开心不起来,瞬间也失去了吃饭的兴趣,觉得乏味至极。

这时有人推门进来,喊了我一声并朝我们走过来,是卖菜的范金生。范金生不到三十岁,身形瘦削,浓眉大眼,毛寸头,我见他时不是在干活,就是在说话,永远精力充沛的样子。他是平凉人,来小镇有几年了,和媳妇在桥头开了家菜铺,每天都要开车去邻近县城进货。我常去买菜,有时闲了也会跟他东扯西拉地开开玩笑,慢慢就熟悉了。他常挂在嘴边的一句话是:"这真是个好地方,啥菜都不产。"他说的"这",指的是小镇。当然小镇也产蔬菜,多是块茎类,譬如洋芋和胡萝卜。曾有人提议建大棚种植蔬菜,但州县领导考虑到小镇毕竟是旅游景点,塑料大棚会影响美观,一直没同意。

范金生把手套放在桌子上,一屁股坐下来,熟络地跟我们闲谈。他见我们的羊肉吃掉了大半,便问要不要再来一份,我连忙拒绝。刚才消退的食欲因为范金生的突然到来恢复了,我剥了一瓣蒜,整个儿放在嘴里,眼眶瞬间热辣。

羊得才的事果然流传得广。羊汤刚端上来,范金生就开始向尕泰打听,一口一个"你们乡那个羊得才",这让尕泰很不舒服。尕泰瞪了他一眼,大声反驳他:"什么你们乡他们乡,我就是本地人,我是这个镇上的。搞得你这个外地人倒成了本地人。"范金生大嘴一咧,尴尬地笑了下,把头埋大碗里喝羊肉汤。

没一会儿,范金生又嬉笑着问尕泰:"领导,我听说羊得才他娘是被饿死的,这是不是真事?"尕泰装作没听见,自顾自地吃饭。

"你听谁说的?怎么会是饿死的?"我看了一眼范金生。

"领导,这也是一个买菜的人说的,说羊得才不赡养老人,经常不给老人饭吃,他们村还有传言说,老人是被羊得才的媳妇下了毒。"

"这还是个人吗?这不是畜生吗!你都听谁说的,乱七八糟的!"我骂了脏话,把筷子拍在桌子上。

这次范金生倒没闭嘴,他继续说:"又不是我说的,这是别人在我店里买菜时说的。老人八十好几了,不能劳动,没有收入,就是负担。正好生病那几天赶上低保调整,羊得才和他媳妇看老人快要不行了,就借着这个机会把她拉到乡上去,最后一举三得。一是母亲没了减轻了他们的压力,二是母亲的丧事有乡上和村里人帮忙，三是获得四个二类低保名额，每月有一千多元的补助。"

我向来相信人性的纯良与温暖，但在小镇待了一年零九个月后，我发现我从前坚信的那些慢慢有了松动。我做不到相信范金生讲的那些纯属乡人的臆测，可我为何没有义正词严地阻止他的讲述呢？我只是很认真地跟他讲不要传这些不着边际的话，他点头答应。但出了这个门，我是否还会相信这个恨不得二十四小时不停嘴的人呢？

这期间尕泰始终不发一言，羊肉吃光，馍馍吃掉，汤也见底，他在那儿翻看着手机，不理会我跟范金生的对话。范金生起身走时，跟他打招呼，他也没有任何回应。

"范金生说的，你在乡里听说没有？"我问尕泰。

"听到过。"

"你怎么看？"我很好奇尕泰的态度。

"我说不好。书记，咱走吧。屋里憋得慌。"尕泰说完起身出门。

出门后我喊他一起走走，我们俩一直向下走，经过拉面馆、摩托车修理点、镇政府、理发店、包子铺，然后过桥，沿着河边走。桥头范金生的菜铺门前一侧有三五个人在下象棋，另一侧有几个大爷靠墙坐在马扎上晒太阳，还有两个小孩子在台阶上跑上跑下，暖暖的阳光照耀着他们。

"书记，羊得才的事我说不好，没有证据的事咱不能评价。但是我现在看到了一些很不好的现象，比如村里有些年轻人盖起了新房，将自己的父母赶出去，自己住新房，让两个老人住草房，你挂职的村也有这样的人嘛。"

我知道尕泰讲的那几户人家，我也去过其中一户老人居住的房子。那老人的房子离村口有一百多米，砖土结构的两间小平房孤零零地立在通往村子的路边，山墙一侧是低矮的茅草棚，堆放着柴火；房门前是一个用四根拳头粗的树干搭建的简易棚子，用来摆放农具；低头进门便是厨房，屋内昏暗，借着屋外的光亮才能看清——墙壁早已被烟雾熏黑，正中一张污秽不堪的两屉长桌上摆放着三两个碗盆，正上方挂着一把菜刀，桌子两侧分别是煤球炉与水缸，锅台与桌子斜对着，锅台前的马扎油亮可鉴，各种生活用品散落其中，布满黑色的灰尘。进门后三两步就可以到卧室，里面比厨房整齐洁净些，但差别不大。与老人谈起他的生活，以及他的子女，他直说这样挺好，一个人过得自由自在，不给儿女添麻烦，语气中丝毫没有埋怨与责备的意思。

尕泰接着说："现在农村精神文化缺失，有些人除了钱什么都看不到，为了钱可以干很多事，分户赶出老人，再让老人跟政府提条件要补助。再就是攀比风气严重，有人买房买车还想要政策。在他们看来反正是白给，不要白不要，不给就闹，从村里闹到乡上，再从乡上闹到县里。所以，关于羊得才的传言才会传播得这么广。"

"乡政府有责任做好这件事,不能躲啊!羊得才这事,如果你在评议的时候拿个主意,跟村"两委"班子讲一下,考虑到他家里有老人,给他两个二类低保名额,事情也不会闹得这么大。"我制止他继续讲下去,并非因我坚信人性的纯善与温暖,而是认为乡政府要担起责任来。

"唉,说得容易。我现在是怕了,现在只要跟村民发生摩擦,引起矛盾,人家就会拿着这样那样的国家政策说我们工作不到位,大部分人通情达理,解释一下消除误会,但总有一小部分人撒泼要浑,要把事情闹大。一旦闹大,还不是我们挨处分?我已经被处分过一次了,不过我问心无愧。"尕泰的话说得我内心沉重,我知道我无法反驳他。

我俩走到岔路口,那里有一座建成不到两年的体育馆,赶上全州有重大体育活动时才启用,平时大门紧闭。我曾问管理人员有没有可能向全镇人员开放,他说电费太贵,没人出钱。我问尕泰这是哪里援建的,尕泰答复说是兰州,他接着说自己中午去兰州,问我有没有要买的东西。我问他是不是回去看女儿,他点点头,说已经好久没见到女儿了。

"有次我送她去学校,进校门后,我喊她,她没有回头,以前还会跟我说'爸爸再见',现在也不说了。"

"读小学一年级了吧?"我问他。

"嗯,一年级了。以后陪她的时间更少了。"

在乡镇,因工作关系与家人分居的干部不少,尕泰是其中之一。他在乡上工作,爱人在县里,父母在兰州。乡镇工作杂乱,经常加班,有时连法定节假日也要工作,加上距离远,路况差,一家人团聚的时光并不多。

五

我和尕泰在桥头分手,他回家收拾,然后开车去兰州;我则慢慢地走回去,路过一家清真面食店,掏出五块钱买了五个硬面烧饼,准备拿回去用电暖气烤得焦脆后吃,听说这样吃有益于肠胃。

大楼里没人,回到房间无所事事,我便烧水泡茶,并在沙发上坐了很久。周围安静极了,除了院门口传来的鸣笛声以及楼下两个小孩子边跑边叫的欢笑声。我试图梳理我跟尕泰这段时间的谈话,并且一次次地思索其间的种种可能。当我脑海中闪现"假如范金生讲的是真的"这个念头时,我禁不住打了一个寒噤。

来小镇前,我知道我将会有很多的迷惘,现在,我却对我现在的迷惘产生了迷惘,或许我注定要带着这些迷惘离开这里。这是一个没有结尾的故事,就如同某天清晨醒来,推开窗子,惊觉白雪落满院子,我会陶醉于这圣洁的一切。可不一会儿,等太阳出来,院内的白雪、院外街道上的白雪、远处山腰上的白雪,都会悄然融化,大地裸露,仿佛从未落过雪,只有墙角阴冷处的小块白雪提醒自己它真的来过。

一个个的拐弯,有着相同的样貌,

一个个的高坡,有着相似的坡度,

看似很近的路,却需要向相反的方向行驶,

再迂回前行,如同人生。

世风

另一种生活

在生活严格训练下,
紧绷的身体,费力攥紧的拳头,
以为已然抓住,殊不知松开之后才是真正的拥有。

/ / /

  镇政府的院子里有两棵核桃树,高高大大,枝繁叶茂。树是镇上干部种下的,一晃几十年过去了。其中的一棵在我楼下,拉开窗,青翠满目,伸手可触。在大片的绿叶中间,点缀着青绿的果,它们都结挂在枝条的尽头,鸡蛋大小,有的单独一个,有的则两两相对或者三个一簇。我时常坐在院子中央的那棵核桃树下,腿或蜷或伸,透过枝叶与小楼交织下的小块天空望出去,不远处的朵朵白云,轻盈透亮,环绕山间,也不知过了多久,直到白云变得模糊,终融入灰色的天空。月亮升起来了,同样升起的还有心底的一分平静的难过。

  我不再装模作样地拥有很多朋友,而是回到了孤单之中,以真正的我开始了独自的生活。有时我也会因为寂寞而难以忍受空虚的折磨,但我宁愿以这样的方式来维护自己的自尊,也不愿以耻辱为代价去换取那种表面的朋友。

这段话很适用于此刻的我。

小镇生活缓慢而悠长,在这里有过往有未来,有传统有现代,有落后也有开放,这其中既有地理上的缘故,也因生活方式、思维习性等依旧保有浓厚的农业文明基因。小镇是旅游区,城里人的大量涌入无形中改变并塑造着小镇特有的精神气质。老旧与洋气的穿着装扮,偶尔加快旋即归于慢缓的节奏,本色与异化交替呈现的居民特性,这一切的碰撞交织、矛盾挣扎,都将在小镇中长期存在。

从小镇到村里的路程不近,多年后我再次拥有了一辆摩托车,再次开启了我的摩托时光。粗略算来,距上次骑摩托车已有十五年。那时家中有一辆军绿色的原装进口的日本嘉陵摩托车,这辆车从使用到淘汰有着接近二十年的历史。之所以学会骑摩托车,缘自与父亲的一个约定。1997年,我参加高考,父亲说等我考取大学,他就教我骑摩托车。幸运的是,我考取了,此事却无了下文。在等待开学的一个夏日午后,我偷偷把车推到家对面小学的操场上,自己摸索起来。在一次次的发动与熄火后,父亲远远地走过来。原来,午睡的他透过窗户看到了我的行为。记得他当时只是低声地骂了我一句,然后开始教我:"发动、捏离合、挂挡、松离合、加油门。"我很快掌握了这个程序,算是学会了。我与父亲还有一个约定:他说等我考取高中他就戒烟,后来我果真考取,他用了很多方式,最终把烟戒掉了。

不知父亲与奶奶是否也有过一个约定,在奶奶卧床六年的时间里,他每天帮奶奶做饭并扶她吃饭,帮她翻身,抱她上厕所。六年间,他的膝盖跪出了茧,腰椎出了问题,可奶奶被照顾得很好。市里电视台要为他做一期节目,他说照顾自己的老娘有什么好宣传的。起初我有劝他,后来想想,觉得也是。现在回想起这一切,会由衷地笑,夹杂其间的苦涩也无法改变那段时光的美好。

除去每天骑着摩托车在小镇与村子间往返,还有一件常做的事就是散步。有时饭后与当地的朋友一起,边走边聊,内容庞杂,天气地理、民俗逸事等,以野史居多。更多时候则是自己一个人,在清晨、午后或者黄昏,穿过镇里那条最繁华同时也最尘土滚滚的砂石路,向河边去。小镇就那么两条主路,几乎每年都要挖开、填上,再挖开,再填上。每次我都会从冶力关桥的位置向西,沿着冶木河的两岸走一个大大的椭圆,行程五六公里,用时大约七十分钟。冶木河的名字由来,我始终未弄清,亦不知它从哪儿来,流向哪儿去,只见它每天就在或宽阔或狭窄的河道里流着淌着。河水流量不大,大一些的石头裸露于河床,时常有白头黑背红尾巴的小鸟立在上面,或者倏忽一下滑过水面。向西走不到一百米,停下,转身,向右上方望去,远山连绵,仔细端详之下竟可看出一副睡佛的模样,尤其是佛头,形容逼真,叫人不得不击节赞叹自然的奇妙。当地有人曾为其作诗一首:

十里修躯化作山，人间沉睡已千年。

凡尘忧乐何关我，静卧唯参梦里禅。

  整条冶木河处在冶木峡谷中，河两岸的道路一条在山脚，一条离山脚的距离也不远。其实不唯是冶木河，整个冶力关镇都被群山环绕，晴天尚好，村民的白色房子星点般点缀于山腰，若赶上做饭时分，炊烟袅袅，直叫人想起"白云生处有人家"的诗句。每逢阴天下雨时，乌云低垂，一团团似乎要压下，将一切笼罩，也有一些云气缥缈于山间，宛若仙境。

  河两岸错落有致，河床上长满芦苇以及不知名的野花，连枯草也别有一番韵致。有次与小马一起走路，他指着一棵要两个人才能环抱的大树告诉我，从前河两边这样的古树很多，后来因修路被砍掉了许多。"可惜啊！"他大声叹了一口气。想到村子也是如此，村人告诉我，冶海天池的水流经池沟村变成了池沟河，河两边都是粗大的白杨树，夏季绿树成荫，河水的常年浸泡使得许多树从树根处生发了根根红色的须条，在水中摇曳生姿，河水也似乎因此变换了颜色。后来不知哪里来了一支施工队，悄无声息地修建了河堤。如今站在狭窄整齐的河堤旁，昔日美景徒留回忆。冶木河边的风景也会吸引许多外地的师生来写生，我曾见过多次。有次一领导突发奇想，要写生的学生为池沟村画墙绘，我因内容部分跟他争执不下，我坚持要多做一些关于民风民俗、地方典故、自然风景的内容的墙绘。或许在他们看来，我是如此固执,因为他们无法体会当我站在冶木河边想象着一排排的古树,以及在池沟河边想象着昔日情景的心情。

在小镇上生活,尤其当我散步或骑着摩托车在街道穿梭的时候,无时无刻不感到这个由熟人朋友构成的社会有机体是怎样的强大,而又个性鲜明。小镇上的人多和气,在这一段时间了,都没见到吵架与打架的情况发生,可能因为即使不熟的人拐两个弯都会扯上关系吧。作为一个突然闯入小镇的外来者,自然地适应并融入虽也不难,但总归要多一些时间。起初,一个人去购物,卖价高且无商谈余地;去吃饭,偶尔也会遭遇店家不提供服务的情况,一切都是淡淡的、冷冷的。若有当地人陪同,一切则又会和和气气、简简单单。

庆幸的是,在镇上工作的许多干部也多是外地人,也有许多人两地分居,与我一样是单身在此,所以有些觉得难做的事情就喊他们陪同。对于这种生活的不便,我无法也无从抱怨,因为在他们的眼里,一拨拨的背包游客与我毫无区别。而遇到的种种,也在不断提醒着我与他们真正融入的距离。

远离北京,远离北京的生活,仿佛进入了一个失重的世界。缓慢节奏下时间犹若停滞,面对这多出许多的时间,如同面对突如其来的巨额财富,一时竟有些不知所措。时间,面临着再次的切割与分置。与此伴随的是规律与计划的打破,甚至丧失。住在镇政府的大楼里,这个有着百十人的单位,我每天见到的人并不多,偶尔碰到问去哪里了,答复说下村了。对他们而言,每天坐在办公室是难以想象的,而开会到凌晨两三点也不是什么大惊小怪的事情。前些天,我去走访贫困户,山上山下走了个遍。每天都不知道吃饭的时间与地点,有时候饿了就在村民家里吃一块面点。在这个地方,村民都很热情,他们待客的方式除去倒茶,就是端出油饼、花卷等种种面食。对他们而言,面食已不仅仅是种饮食习惯,更成了他们生命体中不可分割的一部分,在潜移默化中完成了与自身生命体的同构。走访的过程中,有时我以为该结束去吃饭了,却车头一拐,又奔下一家而去。对于一个长期接受严谨训练并且陶醉其中的人来说,无法掌控的时间,无从掌控的计划,都是对其耐性的考验。在村里,在镇上,永远都是未知的等待以及说走就走的安排。不知村子的项目进度怎样,要等;不知各级领导的视察时间,要等;甚至今日也不知明日的事情流程,要等。只有身在基层,才会懂得基层的含义,即信息传达的尾端末梢,以及无法摆脱的需要不断调整才能适应反复多变的信息的命运。

我知道,我终会在核桃树下日渐松弛,也终会释然于这简单枯燥、充满未知的生活。这何尝不是生活的一种恩赐?在生活严格训练下,紧绷的身体,费力攥紧的拳头,以为已然抓住,殊不知松开之后才是真正的拥有。生活,原本未知,明亮无疑的坦途,也存有黑暗充盈的沟坎。在生活的内部,不灭希望地淡然行走,或许才会在遭遇各种纠结、困境、变故时依旧故我。功成名就的荣光与身败名裂的惩罚,对个体而言,拥有着同样的意义。生活之于个人,个人之于生活,莫不如此。

甘南漫行

真正有意义的旅行
都应是对自我的反省与修复
甘南正拥有这样的魅力

/ / /

对于甘南,雷达先生这样评价:

甘南州的总面积将近五万平方公里,比瑞士、荷兰、比利时这样的欧洲国家还要大,位于青藏高原东北角,人称"小西藏"。不管从外形看还是从内涵看,甘南州的确有如西藏的一个缩影,举凡雪山、原始森林、草原、冰川、湿地、高原湖泊、高原河流,一应俱全。它是迄今为止,绝少污染,因其幽寂和不为人注意而未遭破坏的一片香巴拉式的地方。

这段诱人的表述曾让我对甘南充满了向往。到甘肃挂职后,我终于有机会深入甘南。七天时间里,我先后去了夏河、合作、碌曲、玛曲、迭部五个县市,如果加上任职的临潭县,甘南州的七县一市中,我未去过的仅剩卓尼与舟曲两县。回顾这次旅途,兰州、拉卜楞寺、夏泽滩、郎木寺、格尔底寺、阿万仓、腊子口、扎尕那、则岔、冶力关等一个个名字争先跳跃出来，带着各自鲜明的印记。诚如甘南的朋友所说，一个人只有走过了这些地方，才真正可以说自己到过并感受了甘南。

从未有过一次旅行是这般的漫不经心，走走停停，停停走走，随心随性，不克制也不压抑自己的内心。被认真与一丝不苟过度训练的我起初多有不适，我可能知道我下一步的目的地，可我不知道我会在哪个确切的时间以怎样的方式到达。类似于小说中的那个全知全能的视角丧失了，作者对笔下的人物彻底失去了控制，任他信马由缰，与他一起面对接下来那些未知的可能。我多次劝说自己要去享受这难得的历程，一再告诫自己不要试图去明晰那些所谓确切的时间、地点、人物。慢慢地，我不再对自己苛责，感觉到了自己的松弛，最后也竟习惯了这坦然。在这场旅途中，陪伴我良久的那些精确、谨严、紧绷等一一退场，我逐渐沉浸在由大概、也许以及模糊主导并由此而产生的愉悦中。

这次旅行是由兰州市文联组织的一次文学采访活动，我们一行十二人从兰州出发，沿着甘南的西部边缘行走，时而深入腹地，就这样最终将多半个甘南走了一遍。因为位置以及盛名的关系，我们将夏河县的拉卜楞寺选为第一站。这座修建于康熙年间的寺庙，与拉萨的甘丹寺、哲蚌寺、色拉寺、扎什伦布寺及青海的塔尔寺并称"中国藏传佛教格鲁派六大宗主寺"，拥有中国最完整的藏传佛教教学体系,也是全世界最有名的藏密学院。远看拉卜楞寺,庄严庞大,占据了夏河县城的一半。与我在甘南参观的许多藏传寺庙一样,拉卜楞寺依山而建,红墙、白塔、彩幡、金顶在蓝天下显得格外肃穆安宁。面对着拉卜楞寺,如果有足够的耐心与运气,便可以看遍六座经堂、八十四座佛殿、成千上万间僧舍,以及长长的无法望尽的转经筒,这些相似的场景,我也曾在色拉寺、塔尔寺、布达拉宫,以及其他各式寺庙与佛殿中得以观瞻。拉卜楞寺向我呈现了自己的一切,却又将自己深深隐藏于大经堂的帷幔之后。游客如我,只见握紧的拳头,却无法洞悉隐秘的手纹;只见苍天高树,却无法参悟岁月的年轮。客居甘南的我开始慢慢思索是什么构置了拉卜楞寺的崇高庄严,大经堂中坐垫的坐痕、僧人制作酥油花时滴下的汗水、经幔透出油灯的气息、来回奔走的喇嘛靴子上的尘土等,在拉卜楞寺,要穿透其外在的宏阔与庄严,从而体会到沧桑历史下独属藏传宗教的魅力与信仰的高贵,非有慧根者难以企及。

　　按计划,我们第二天要从合作市去郎木寺,因有些朋友未到过碌曲县城,于是在途中拐了个弯。在藏语中,"曲"为水的意思,甘南藏族自治州中有三个以水命名的县城,分别是碌曲(意为洮河)、玛曲(意为黄河)、舟曲(意为白龙江)。本想在碌曲县城逗留一下再继续赶路,可进入后发现正巧赶上第四届锅庄舞大赛暨香浪节开幕,经过一番讨论,大家决定下车换乘县里的班车去一睹锅庄舞的风采。大家说好待一下就离开的,可当我们进入举办锅庄舞大赛的夏泽滩草原时,尤其是当我们坐在帐篷里的时候,竟不舍得离去了。身下草原,头顶蓝天,经幡于两侧青山舞动,一盘盘羊肉端上来,一杯杯青稞酒饮下去,欢乐的笑声四处弥漫。草原上的歌手有着红红的脸,眼神纯净,他来到我们的帐篷,一边跳着,一边为我们弹唱动人的歌曲。存学老哥与仁谦起身随着音乐跳起了欢快的舞蹈,大家伴随着节律"噢,呦呦"地喊着。火炉上的铝锅内,奶茶咕嘟嘟地响着,香气四溢。一时间令我恍恍惚惚,忘却了身在何处。帐篷外,青草连绵闪着光,全身挂满绿松石、蜜蜡等佩饰的藏族同胞带着同样穿着华服的小孩子不断走过,一支支盛装装扮下的比赛队伍陆续抵达现场,我们与他们,还有更多的人一起,充满了夏泽滩。

等我们一个个摇摇晃晃地起身离开时,天色已昏黄。仁谦喝多了,依然哼着歌。到达郎木寺时,已是晚上。从夏泽滩草原到郎木寺,那些辽阔与壮美隐于身后,缓缓内缩,直至我们进入一个又高又小的角落,与外在的世界仿佛一下子疏远并切断了。初入郎木寺,感觉它就像巨人在山间踏下的一个脚印,幽远神秘,又有一种内在自足之美。郎木寺不是寺庙,是个地名,是碌曲县一个名叫郎木寺的小镇,海拔三千五百八十米。郎木翻译成汉语是仙女的意思,据说因纳摩峡谷口的石崖上有一天然溶洞,洞内的岩壁上有一酷似美女的天然浮雕像而得名。20世纪40年代,一位美国的传教士来到郎木寺，这里神秘的传说、壮美的山川、淳朴豪放的乡俗民风，让这个异国的传教士心醉不已，于是他一改习俗，穿起藏袍，与这里的人一起生活了十多年。他回国后，将这里的生活写进书里，也因为这本书，郎木寺这个隐藏在甘南与川北交界之地的佛教小镇蜚声海内外。我们到达的那晚细雨霏霏，狭窄的青石街道上多是外地游客。郎木寺虽小，却很神奇。一条不足两米宽的小溪流有着很大气的名字——白龙江，它从郎木寺内部流过，并将其一分为二。短短的石桥，一头是甘肃，一头是四川。我们纷纷欢喜地将双腿分立在石桥的两头，这样便可脚踏两个省的土地。郎木寺镇上有两个寺庙，分别是归属四川的格尔底寺与归属甘肃的赛赤寺。在格尔底寺里有白龙江的源头，水从几个泉眼中汩汩而出，再从格尔底寺缓缓流出，最终变得浩浩荡荡，注入嘉陵江。我曾经专门去看过那些泉眼，从寺庙的大门进入，需要走一段时间。途中，很多小喇嘛背着书包迎面向我走来，看到有游客给他们拍照，他们便用僧袍捂住脸快速溜走。当然也有一些摄影家不知用了什么魔法，让一群小喇嘛围着他争看相机中自己的模样，但若有人试图拍摄此刻的情景，他们警觉发现后便会以后背示人。与格尔底寺相比，赛赤寺的面积要大一些，整体更壮观一些，正如去格尔底寺的人大多要寻找白龙江的源头，到赛赤寺的人大多会去后山，因为那里有一座天葬台。

在藏族的风俗文化中有五种丧葬方式，分别是水葬、土葬、火葬、天葬、塔葬。大体而言，夭折的小孩子多水葬，所以一些地区的藏人不吃鱼；生前有罪孽的人会土葬，让其无法重生；生病的人要火葬，避免秃鹫吃到了生病；塔葬是规格比较高的丧葬方式，高僧大德才有资格享受这样的待遇。上述四种情况之外的人为天葬。在天葬之前，藏区采用过高山风化、悬棺、穴葬的方式，但均会留下骸骨和其他痕迹，不尽如人意。天葬始于何时已无从得知，马丽华老师在《风化成典：西藏文史故事十五讲》一书的第二讲《象雄的边界与遗产》中写道："到吐蕃王朝结束，藏传佛教兴起，改为天葬。"由此可以隐约得出天葬的大概时间与兴起原因。从赛赤寺的入口上山，需要走半个小时才能到天葬台。天葬台坐落在半山腰一块地势较为开阔平坦的地方，面积不大，只有七八平方米大小。这里布满了大小不一的石头，石头旁边摆放着天葬时使用的刀斧。它的一侧是几十米的谷底，右侧为山。我们去时正好有一个小孩子站在那里为旁边的游客讲解，我停下来听他说话。他指着不远处山坡的一条小道说，每次秃鹫进食后都无法飞行，需要顺着小道到山后去消化休息。小道的旁边，挂满了经幡，每天葬一次，就要挂一条经幡。而在天葬台的正后方，是煨桑的地方。天葬只会在清晨举行，一般由同村子里的两三个人完成这个仪式。天葬开始前，会点燃桑烟，并且不断拍巴掌大声呼喊，秃鹫们不一会儿就会飞过来。天葬开始后，带头的秃鹫会先进食，然后再集体进食。我在去阿万仓的路上看到过它们，散落在半山腰，一动不动，唯有脖颈上的一圈白色羽毛在风中起舞。藏人之所以选择天葬，可能就是看中了秃鹫身体的特殊功能。秃鹫有非常强大的消化能力，可以把肉与骨头消化得一干二净，即使排泄，也在高空，而高空的强大气流会将这些杂物风化得无影无踪。而这，是符合佛家的生死观的。

在群山之中，在天葬台边，向山脚下的草原望去，想象着一个人从这里彻底地离去，消失于白云外，在世间再无一丁点儿的印记；又想象着他的肉身虽不在了，可似乎又随着这秃鹫与掠过经幡的风化作了万物，无处不在。真是神奇的悖论。

如果一个人在郎木寺可见生死，那么他在阿万仓则可见内心。阿万仓是玛曲县的一个乡，在写阿万仓前不得不说一下玛曲。玛曲的意思是黄河。黄河九道弯，第一道弯就从玛曲环绕而过，也正是因为黄河的滋养，玛曲才有了面积广袤的草原与湿地，如阿日加当草原、努尔干塘草原、朗曲乔尔干草原、卫当塘草原、也尔莫乔草原、阿万仓湿地等。阿万仓湿地海拔近三千六百米，站在高山草场上，空气透亮，白云伸手可触，远处河流若镶嵌于草原之上，牛羊于其中嬉戏，觉得自己也是通透的。想起在进入阿万仓湿地的路边，看到过一个大大的蓝色牌子以及那上面的几行大字——人与自然的和谐，人的内心与外在的和谐，觉得妙极。阿万仓如此，扎尕那亦是这样。扎尕那位于迭部县，是一个藏族的小村子。行走在扎尕那，坐在山上的小楼里，看脚下不远处错落有致的藏寨，以及各式石林与萦绕其间的云,时间若停滞了,让人久久不愿离去。扎尕那之美,在雷达先生的《天上的扎尕那》与杨显惠先生的《天堂扎尕那》中均可以感受得到,也可以借用邵小平与赵凌云在《神的扎尕那》中的话语:

固然,扎尕那是以藏文化为主的语境陈述的,但其吞天吐地的格局必是无疆无界的,必是为全人类崇仰膜拜的。扎尕那,人类的精神地标!

在甘南的大地上行走,穿行于高高的山腰与深深的谷底,那些高远与低垂的云,那些宽阔舒缓的河流,那些翱翔的苍鹰,休憩的秃鹫,漫山遍野的羊群与黑牦牛、白牦牛,黑身白尾的小鸟,那些散落的白色的帐篷,以及旁边默默的藏獒和吠叫的藏狗,当然,更多的还是满目的绿,绿草、绿树、绿山,面对这一切,起初还有些兴奋,但后来会越发沉默,有无言之感。请原谅我无法用语言表述我杂乱的情绪,于我而言,在这天与地的大美之间,所有的言语不仅被视为多余,更像是一种亵渎,此时,它是羞涩而又羞愧的。如同在郎木寺,在高高的郎木寺,虽然那个落雨的夜晚在游客的脚步声里变得有些嘈杂,但我仍觉得在这个被世界遗忘的角落,无须过多的言语,我的所有觉知离外界很远,而与自我是从未有过的贴近。

的确，再也没有比这样美妙的旅行更适合思考人生要义了。在旅行中，尽情松弛自我，然后努力融入自然，找寻天、地、人最完美的和谐。从某种意义上来讲，将这次甘南之行称为一次朝圣之旅也不为过。记得我们有天从一片花海驶过，黄灿灿的油菜花开满了路边的山坡，有许多人驻足欣赏留影。我想我们中的许多人也想停下，也想感受这大自然赐予的美好，只是无人果断地喊停车。有几个声音说应该停车看看花海，就这样聊着，期待着，车子逐渐驶远，而前方再无花海。这就如同惯性的人生，周而复始地运转，如果没有那么一点果敢，许多美好也就错过了。

在甘南，我开始更深地思索那些相逢与错过。有时，个体之于旅行，并不仅仅有所得，也要有所弃，并在不断的丢弃与找寻之中寻求平和。在甘南的这些天，我被驱使着用从未有过的耐性去体会自我、自我与他人，还有他人之间的那些困扰、纠结。我努力窥视各种情绪的真实表情，将那些在日常生活中被忽略的、被漠视的、被任性抛弃的情绪各归其位，发掘那些顺境、逆境、困境、绝境之中自我与他人的心之所在，并与之小心翼翼地对视。于是，一些事，似乎也就释然了。如果把每个人都当成一个房间，有的尚清洁明亮，而有的则蒙垢已久，费心地维持与整理都是必需，舒朗有致，自然熨帖，才应是最终所求。

行走甘南之前，我认为当我们谈论甘南的时候，我们是在想象一个靠近天堂的地方。这种想法，我在扎尕那与阿万仓时就得到了证实，尤其在阿万仓的高山上，面对这大美景象，大口大口地呼吸，不时的晕眩之感让我在恍惚中感受到了天堂。我也认为当我们踏进甘南的时候，我们怀揣的是一种逃离复杂异化的城市生活、奔向朴素生活的向往，而这，我也曾在夏泽滩草原上感受到。在帐篷中席地而坐，喝酒吃肉，跳舞唱歌，不受所谓现代文明约束的生活是如此快意舒爽，简单直接。现在，我踏在甘南的大地上，它予我以大美，又予我以思索，我之于我，是什么？拜雅特在《隐之书》中写道：

一个人乃是其自身的一部历史，总结了自己的呼吸、思想、行为、原子微粒、创伤、爱情、冷漠与厌恶；同时，也包括了自己的种族与国家、滋养自己与先祖的土地、熟悉之处的石与沙、长年无声的战斗与良心的挣扎、女孩的笑容与老妇沉缓的言语、突如其来的意外以及无情律法渐进的行动，这部历史承载了凡此种种以及其他细节，犹如一道火焰，在大火面前终将俯首称臣，燃放在此刻，下一刻熄灭，来日再有无数时光，也永远无法再度大放光亮。

或许，真正有意义的旅行，都应是对自我的反省与修复。甘南正拥有这样的魅力，它让行走在其间的旅行者，将外在的壮美与辽阔化入内心，并在内心之中感知自我，翱翔于同样辽阔的天空。

"浪山"

"浪山"的次数多了，
有时也会想为何我们会那么高兴地回归森林与草原。
对于藏族同胞而言，
或许因为他们的祖先来自草原，这是一种血脉的延续。

/ / /

一

上天对这个小镇该是多么偏爱啊！这是我时常情不自禁发出的感叹。小镇有山，高低起伏，连绵不绝。但这山可不普通，白石山高耸入云，是我国秦岭山脉的起点，终年香火不断；求子拜佛的香客络绎而至的莲花山则是青藏高原的末端；镇中心不远处那条狭长幽深的山谷，其内岩石多姿，洞穴奇特，如大火过处一片赭红，这丹霞地貌在灰石青黛中格外夺目。小镇有水，一是流动的冶木河，从冶木峡深处缓缓而出，最终形成宽阔的水面穿镇而过，终年不息；一是静深的冶海天池，由高山雪水汇聚而成，湛蓝净澈，它是安多藏区三大圣湖之一，常年经幡舞动，桑烟袅袅，接受着来自全国各地朝圣者的祭拜。小镇有林，有国家级森林公园，在山顶观望，大片大片的林，云杉、冷杉、油松、白桦，半山处有杜鹃、蔷薇，层层叠叠，犹如绵厚的地毯将大山铺满；东峡的色彩尤其斑斓，超出想象，鹿群隐现，孤狼逐行。当然还有无限蔓延的高山草场，牛群、羊群漫无目的地随意吃吃停停。与它比起来，周边乡镇便单一枯燥、毫无生趣了。

之所以在开头讲这么多小镇的盛景，其实是因为我想说说当地的"浪山"；也正因为小镇多盛景，叫人流连忘返，所以此地的"浪山"较之别处更多些愉悦与趣味。

起初不解"浪山"的含义，以为是一座山的名字。

"浪山"是甘南藏区的传统，在藏语中有"采薪"之意。据考证，这是康熙年间拉卜楞寺数百名僧侣在每年盛夏时分，赴野外采伐烧柴习俗的延续和发展。由于路途遥远，当天不能往返，僧侣们会选傍山面水处野营。如果采集量大，便要多住些时日。劳动之余，他们载歌载舞，纵情于山水之间。后来这种习俗由寺院传入民间，演变成今天的"浪山节"，也就是藏语中的"香琅节"，这是甘南藏区独有的节日。七八月时节，气候温和，农事间歇，家家户户收拾起锅灶炊具与饮食物品，穿起盛装，全家出动，到野外山坡、草地、河边选好地点，搭起帐篷、会餐、饮酒、歌舞。或是机关单位、同窗知己，或集体组织，或自愿结合，在草滩上野餐、在旷野中高歌、在醉态中嬉闹、在天地间宣泄。吃着大块的手抓羊肉，喝着大碗香甜的酥油茶及青稞酒，仿佛置身远古时代，回归到大自然。

于我而言，"浪山"不仅仅是一种风俗，它还令我思考小镇上那些有趣的词语。小镇的方言中，趣词不少，譬如"谝"，就是当地人经常挂在嘴边的词语。有时碰到了，他们硬要拉我去"谝"一下，后来才明白他们是想和我聊聊天。可这样的词语，在词典中毫无褒义。《说文解字》中说"谝"，"便巧言也"，即有花言巧语之意，《现代汉语词典》中也有夸耀、显示的意思。"浪山"中的"浪"字也是如此。遇到闲聊，他们常说"到家里浪一下"，或者问我要不要去县里"浪"一下。在我从小到大所受的教育里，"浪"即使不是贬义词，顶多也是个中性词。当然，后来我也明白了，在他们的观念中，"浪"是闲坐、游玩的意思。而"浪山"，则是到山里去坐一坐，四处游玩，暗含无拘无束、浪荡游玩之意。其生动传神，竟让我一时想不出比"浪"更贴切的字眼了。由此想到《聊斋志异》中的《蛇癖》一文，吕奉宁好吃蛇，有次他抓到一条蛇，"时无佩刀，先啗其头，尾尚蜿蜒于口际"。"蜿蜒"二字一下将吕奉宁吃蛇景状惟妙惟肖地展示在你我面前，真是妙极。

二

"浪山"是在山里浪游与浪荡，但终归要寻一个地势平坦、视野极佳的地方，然后大家下车，将锅碗瓢盆、桌椅板凳、酱醋油盐、酒水饮料等一一卸下。这其中最重要的是已经处理好的山羊，少则一整只，多则三五只。紧接着便是分头忙活，有人搭帐篷，有人找柴火，有人挖火坑，有人去河边取水，也有人带渔网去捕鱼。物品带得多，就会有遗漏，忘记带盐醋、忘记带勺子与筷子的情况经常发生，于是就会给后来者打电话。"浪山"是件快乐的事情，但是也离不开辛苦的付出。大家一般会在八九点钟到达"浪山"的地方，用两个多小时准备，等到羊肉煮熟端盘上桌、共同举杯的时候，要接近十二点钟了。不过这并不耽误饮酒。在甘南，空腹饮酒是常态，天气好时，常会看到两三人或者三五人坐在路边长椅或者草地上，每人持一瓶啤酒，边喝边聊。去到朋友家中，聊不了几句也会拿出酒杯，轮番敬酒。所以，虽然"浪山"时准备的时间长，但是丝毫不会妨碍饮酒的兴致。一群人坐在帐篷里，围在长条桌前，吃着肉，喝着酒，醉了，便躺在草地上，等醒了接着喝。看到有驱车驶过的路人，大家端起酒杯大声致意，对方也会以欢呼声回复。时间在这样热闹自由的气氛中悄然流逝，一直到天色渐晚，牧民赶着牛羊下山回家。此时把煮羊肉的汤锅加热，然后不断将面片揪下扔进去，热乎乎的羊汤面片吃过后，才算是真正的酒足饭饱。

我们在小镇"浪山"时多选择高山草场。我所在的村子叫池沟村，一个经常被外人误读为"地沟村"的村子。遇到的次数多了，也就明白对方实非玩笑称呼。二百多户人家，散落在山上与川下。村里居民虽不多，面积却不小，其中的高山草场尤为广袤。牧草肥美的时候，牛羊便漫了山坡。草场中有一处从山脚到山顶竖起了围栏，里面养着一群梅花鹿。它们白天在山腰的树下休息，傍晚时分会成群下来喝水。梅花鹿的警惕性很高，不等人靠近便会撒腿跑掉。有天鹿群越过破损的围栏，跑进深山去了，逮住它们，可是一件想都不敢想的事了。我时常骑着摩托车进山，成群的野鸡在山路边，扑棱棱地飞进山脚的田野。山路曲折，摩托车不敢开快，否则容易冲出道路。等穿过两山对夹的那条狭窄小道，一下便豁然开朗了，宛如进入一个桃源世界。溪水清清缓缓流淌，牛羊悠闲吃着草，牧人在路边吸着烟，百无聊赖的模样。雨后进入，空气清新，沁入五脏六腑，整个人都通透起来。

在我的"浪山"经历中，最难忘的还是去一个名叫黑河的地方。那天，我们在一条坑坑洼洼的砂石路上行驶了很久，车窗紧闭，车内依然弥漫着浓烈的尘土气息。沿途杂草浓密，巨石密集，堆满河道，流水哗哗，不见其影。我们到时，一些人在忙活，一些人则蹲坐在毯子上喝酒划拳，几个大西瓜正在清冽的河水里转来转去。这是一片人迹罕至的原始森林，我们到了它的深处。女人们在河边取水、洗菜，男人们在林间的空地上生火，负责煮肉与烤肉，孩子们则兴奋地跑来跑去，不一会儿就没了踪影，等回来时每人手中都有一大束野草莓。在这样的地方"浪山",是没有任何干扰的,浓密的丛林遮挡住了电波,手机变成了无用的废物。这样也好,专心于一件事,何尝不是一种美妙的体验?只可惜森林时常会下雨,有时落几个雨点就过去了,有时则会淅淅沥沥地下个不停。好在有高大的树冠与浓密的枝叶提供了遮挡,反倒增添了几分乐趣。

还记得有次在冶海天池的上游,尕袁开着他心爱的QQ车带我从山顶下到谷底。在坡度很大的坑洼路上时,我担心车散架;在涉溪时,我又担心车抛锚。遇到深一点的溪水时,他果真拿不准了,我更是不敢让他过。我们只好把车停在河边,跳到对岸。那天,夏镇与尕虎、尕袁一起去河中捉鱼。他们拿着一张下沿缀满石块的渔网,去到窄些的河道拦腰截住,然后在水中四处奔走,希望慌不择路的鱼儿撞向渔网。最后折腾半天果然捉住了鱼,只有一条,手掌般长度。他们在我睡着的时候把鱼烤了,我醒来时只看到白白的鱼骨躺在草地上。

"浪山"的次数多了,有时也会想为何我们会那么高兴地回归森林与草原。对于藏族同胞而言,或许因为他们的祖先来自草原,这是一种血脉的延续。但对人类而言,我们之所以如此,或许可以从德国哲学家谢林在《艺术哲学》中的一段话里找到答案:

现代世界开始于人把自身从自然中分裂出来的时候,因为他不再拥有一个家园,无论如何他摆脱不了被遗弃的感觉。所以,我们要一次次地重返自然的怀抱，在与这种被遗弃的感觉进行抗争中重新获得拥有的满足。

三

说到"浪山"，就不得不提一个人的名字——老穆萨。第一次听说老穆萨，是因为一帮朋友来小镇看我，"浪山"是我必须让他们体验的，于是夏镇向我推荐了他。"浪山"那天，我们一帮人进入森林，只见一个脸庞黝黑、戴着黑框眼镜的中年人，正蹲着切羊肉，旁边的家什四处摆放开来。他中等身材，相当结实，在两个支起的炉灶旁来回忙活，不多久，羊肉就煮好了，烤洋芋也端了上来。经夏镇介绍，我和老穆萨算是认识了。

关于老穆萨这个名字的由来，我曾经问过他，但没怎么搞清。问身边的朋友，也摇头说不知，这么多年他们也只是这样称呼着。即使你不认识老穆萨，但只要在街上看到腰间挂刀的人，那么这个人多半是他。我在小镇这两年，每次见到他，都能看到他带着一把刀。有次，我特意将老穆萨的刀要来细看，刀把精致，刀身不及一拃长，以手试刃，锋利无比。问他为何挂刀，他说要经常切肉，习惯了。的确，按照老穆萨的说法，这些年从他手里"过的命"就有四十万了。也就是说，他已经宰杀了四十万只牛羊鸡兔。

想起儿时逢年过节，奶奶杀鸡，左手抓住鸡翅膀，左脚踩住鸡爪，一边用右手拔去鸡脖子上的毛，一边念念有词："鸡呀鸡呀你别怪，你生是人间一道菜。"然后用菜刀在鸡脖子上来回几下，接着一手捏住鸡冠，一手将鸡倒立起来放血，放完血后将其随手往院子里一扔，再去宰杀下一只，或者去准备开水给鸡煺毛。每当这时我都会走近去看躺在地上的那只鸡，轻轻踢几下，它偶尔会突然蹦起，吓人一大跳。在小镇，我也会请人品尝羊羔肉与牛犊肉，若有朋友不忍下筷，我就解释道："这里的人与牛羊，正如与面食的关系一样，已经融合在一起，他们死后化作泥土，滋养青草，再供给牛羊，这是一种轮回。"朋友听后笑我，说我这是自我安慰。

我把这些感受告诉老穆萨，并问他如何看待。他说得很直接："阳世之中人最珍贵，它们都是动物。"我又问他杀过这么多生灵，可有什么戒忌。他笑着说，地方不一样，但做法差不多，宰杀的时候，他会在心里默念。不仅默念，还要注意宰杀的方式。每次宰羊时，他都会让羊头朝南，四腿朝西，左手遮住羊眼，右手握刀，刀口朝向自己，一刀割断羊的动脉，快速了断。老穆萨说，宰羊要快，它们才没有痛苦，若慢，就有些残忍了。就像老虎、狮子咬住猎物的喉咙，一击致命，而不要像野狗一样，猎物身体都被它们啃掉半边了，还没有死掉。

小镇虽处藏区，但是回族人也不少。小镇上的回民开小饭馆的居多，拉面馆、羊肉馆、面食铺，等等。从前经常去一家牛肉饺子馆，老板是从岷县来到小镇的回民，饭馆到他这一代有二十多年了。只可惜后来他卖掉店面去了别处，美味的饺子从此留在记忆中。还有一家店，以手抓羊肉出名，老板也是子承父业，有二十多年的历史，我闲了就去点一大碗清汤羊肉来吃，肉香汤美，回味无穷。在这些回民当中，老穆萨应该是最有名的吧。一是全镇一万多人，像老穆萨这样以帮人"浪山"为业的仅此一位；二是老穆萨的手艺的确是好，所以请他帮忙的人多，更有一些被邀请的客人说，若不是老穆萨做羊肉，便不来赴宴。

作为小镇在"浪山"方面最有名气的手艺人，老穆萨自有一套经验与心得。有次他来与我喝茶聊天，我向他请教，他倒也爽快，跟我聊了很多。

"羊肉好不好吃，做法是其次，最主要是食材，也就是羊本身。羊爱吃鸡粪与尿素，饲养人便把这两种东西掺杂在饲料里，你说这种羊长大后的肉质如何？"他一边问我，一边直直盯着我。我从未听过这种言论，但仍然觉得不仅不好吃，而且对人的身体有影响。他说："对嘛，所以我选的羊都是吃草长大的。但是吃草长大的羊有一个特点，肉色略微发红，颜色有点暗。而吃饲料长大的羊，肉白又嫩，许多人就这样被蒙蔽了。吃饲料的羊，就好比是坐办公室的，而吃草的羊就像是山上干活的。"我被他的这个巧妙比喻逗乐了，一边笑，一边伸出手指顺着脸颊滑下。

"还有,我宰杀也不会提前很长的时间,这样能保证羊肉的鲜嫩。时间一长,不一会儿就会落满苍蝇,甚至都在上面产卵了,这样的肉肯定不行嘛。"我忙点头附和。

"我突然还想跟你讲一种草,这种草太神奇了,我们称它为林自草。我没有见过,也是听老一辈的人跟我讲的。这种草只有藏羊可以找到,它在水里只会逆流而上,不会顺流而下。很多人生不下来孩子时就会需要它,你把喜鹊的窝敲碎,扔到水中,向上游的就是那种草,喜鹊窝里就有的。"

正聊时,他的电话响了,有人找他回去。他一边说着"就来了,就来了",一边挂断了电话。听他说"就来了",我一撇嘴,乐了。我想起了当地的说话习惯,"就来了"是他们的口头禅。在我到小镇的很长一段时间里,我都无法适应。按照常理推断,"就来了",可以是三五分钟,或者十分钟,但最多十五分钟。而在他们说来,"就来了"的背后,或许还未起床,或许还未出门,或许还在吃饭,或许……或许……最多能拖两三个小时。多次之后我就适应了,对方说着"就来了",而我依旧做着我的事,两不耽误。

"你好像在选羊上也有讲究?"这是我有次听他自己谈到的。

"我只选两岁以内的羊。羊的年龄不同,煮的时间也就不同。奶牙的羊，煮半个小时就能熟烂；两岁多的羊，则需要煮一个小时。年龄越大的羊，需要煮的时间就越长。"

如何选羊，我到小镇后才知道。判断牛羊的年龄，牛是根据牛角，牛角有圈纹，三岁的牛才会有第一个圈纹，从第二个圈纹开始，每个代表一年。如果这头牛有两个圈纹，那它就是四岁；如果有五个圈，那就是七岁。羊与牛不同，判断一只羊的年龄是根据牙齿，准确地说是羊的下牙。一般一年半以内的羊，下牙床上都是奶牙，齐整；两岁多时，就有两颗牙齿凸起，但差别不太大；三岁的时候，两颗牙变成了四颗牙；四岁的时候，四颗牙变成六颗牙；到了五岁多，除去最两侧的牙小一点，下牙再次齐整，但是比起奶牙，可都是大了几倍。我国有经验的农牧民这样鉴定羊的年龄，"一岁始换牙，两岁一对牙，三岁两对牙，四岁三对牙，五齐、六平、七斜掉一牙"。当然，也可以根据羊角轮判断年龄。只是羊角是因为角质增生形成的，若赶上春季和冬季营养不足，角会长得慢或不生长，故不能准确判断。

听他讲到这些，我突然想起那次全镇六七十人的大"浪山"。那天，大家带了三只羊，很早就去准备了，但羊肉煮了很久才熟。那天碰巧赶上下雨，一帮人端着碗在帐篷下吃完面片，然后返回。有人感慨，若是老穆萨在就好了。我问他们老穆萨怎么没来，他们告诉我说，老穆萨本来是要来的，结果临时被邀请去为省上来的客人煮羊肉去了。

"你知道你们为什么那么晚才吃上吗？"老穆萨问我，但不等我回答，他就接着说道，"我问过他们的做法了，他们做错啦。"

"哪里做错了？"我忙问。

老穆萨便解释给我听，原来那三只羊的年龄不同，其中一只跟另外两只差得比较多，所以煮的时间也就不同。将它们放在一起煮不合适，这样做的后果就是有的羊肉烂了，而有些依旧生硬。

"还有就是你们的面片也没有做好。那时已经下雨，本来就吃不出，落入雨水后便更难辨了。羊汤本应是四分水、六分汤，每次我都会买专门的纱布，过滤掉水中杂质，然后煮汤。你们那天有一个锅里的汤少，把另一个锅里的汤倒了进去。可是煮肉的汤都是上面清，下面浓，倒下去的都是清汤，浓汤反倒被留下了，煮出来的面的口感自然要差嘛。"

我恍然大悟，点头称是。虽然我也清楚，这两种汤煮出的面的味道我是根本品不出的。"浪山"多次后，我觉得这是一个不需要太多技术性的活动，殊不知还有如此多的细节。于是想到我们对于生活何尝不是如此，我们以为已然洞悉秘密，其实差了那么一个小小的细节。对某些事情而言，小小的细节才是成败之关键。

"你应该带徒弟啊！要把这些经验传授下去啊！"虽然老穆

萨给我讲了一些，但是我想还有更多的经验在于意会而非言传。

"老啦！以前每年'浪山'最多可以做二百场，一场可以为二百人服务，现在少了，今年只有五十四场，你和朋友们来的那次是第四十九场。我也准备不干了，但是很多人不同意，说你不能不干啊，再干两年吧，连个徒弟都没带出来呢。但是谁愿意学这个呢？有点手艺的都愿意去大城市，谁愿意在这个小地方待着？也就是我这种没读过书也没啥本事的人才做这个。"

"你这副黑框眼镜一戴，真是很有文化的样子。"我跟他开玩笑。

"一个没读过书的人，怎么会近视呢？"他的情绪突然有些低落了，我没有听懂他这句话的意思。

"三十六岁的时候，我在镇上开饭馆，那时生意也好，整天都在忙，两年没回家，结果媳妇带着女儿跟了别人。她把我所有的木头都卖掉了，爹娘也被赶了出去。后来就离了，离就离吧，签字离婚。离婚的那段时间，心情不好，一个人在房间看电视，十四寸的小电视，换台的时候需要扭，扭起来啪啪响那种。我经常躺在沙发上看，因为不想起身，于是做了一个长杆，躺着可以换台，就这样看成了近视眼。"

对于老穆萨突然讲出的这些，我没有丝毫的准备，一时竟不知如何安慰他。"我连小学都没读过。那个时候兄弟姐妹多，能吃上饭就不错了。我们兄弟姐妹十三人，小时候饿死五个，现在也只剩下四个。我能这样,已经很知足了。"

老穆萨讲出的这些话让整个房间的空气都凝固了。

"那你以后有啥打算?"

"唉,都这个岁数了,还能有啥打算,过一天算一天吧。"

"哪能这么消极呢?我看你精力旺盛啊,你看你把全镇的卫生打扫得多干净,全县评比经常第一名。"

"这个我倒是自信着呢。"他从刚才的情绪中跳出来,准备跟我讲他是如何打扫小镇的卫生的。这个时候,他的电话再次响起,对方的声音明显比第一次要大,也急促了些。对方问他到哪儿了,并让他马上过来,他连忙说"就来了"。挂掉电话后,他跟我说要走了,我也不再挽留他,开门送他下楼。

我回到房间后看了一下表,在两个"就来了"之间,整整隔了一个小时,但是我却第一次感受到"一个小时"带给我的一份莫名的复杂。

小镇一日

呆坐在烛光映照不到的黑暗深处。

让一切都融入黑暗。

让一切在黑暗中归于简单。

/ / /

2015年10月31日,周六,在我到达冶力关的三个月内,小镇落下了第二场雪。

昨夜被冻醒,伸脚碰了一下暖气,早已通体冰凉,于是起身加盖一条被子,将自己紧紧裹住再次入睡。早晨八点醒来,窗下清晰传来唰唰的声响。拉开窗帘,窗外核桃树上挂满白雪,门卫陈师傅正在清扫积雪与落叶。轻轻拉开窗户,一股清冷的风从缝隙中嗖地钻进怀里,只好急忙关上。

突然有些庆幸选择昨天去村小学做交流活动。昨天的天气是这些天中最好的,我和八十个孩子围坐在教学楼前的空地上,微风轻拂,阳光暖洋洋地晒在每个人身上。活动后与教师们闲坐,他们说要谢谢我,买了一瓶酒回来,非要端酒给我喝。我难却他们的盛情,于是空腹喝下几杯酒。

起床后第一件事是烧水，一为饮用，一为洗漱。可烧水时摆弄半天才明白停电了。渴，喝掉昨夜剩下的半杯白水，杯底白茫一片。从水桶取水倒入洗漱杯，水太寒凉，只好小口漱口、刷牙，然后草草洗手，擦一把脸。

九点多出门吃早饭，在常去的包子铺吃掉半笼胡萝卜馅包子，外加一杯豆浆。返回时顺手拍了几张小镇雪景。来小镇之前，我从未在十月见过雪。发给北京的朋友们看，他们既惊讶又羡慕。

九点四十分回到房间，暖气开始温热，拉开窗朝锅炉房望去，果然大烟囱正吐出股股浓烟，陈师傅已经开始忙活了。靠在沙发上看书，有钱穆与木心两位先生在身边，感觉减少了许多孤独。其间起身抄诗，今天选了德里克·沃尔科特的《我的手艺》，开头是这样的：

薄雾和幽灵似的山峰来来去去
在完全消失的白雨里
以至于现在随时可能开始下雪

诗誊抄两遍，依然停电，依然无水，不能喝茶，数次望向心爱的掇只壶与飞星盏，它们静置于小小的茶台，尚无用武之地。

十二点时，饿意浓，下楼吃饭，在门口饭馆点了一碗牛肉水饺。店铺在小镇开了二十多年，只做牛肉水饺，鲜美无比，唇齿留香。据说店主准备闭门回老家，做了一辈子，该歇歇了。如果哪天吃不到了，该有多悲伤啊！我边吃边想这样一个问题，答案是没有的，只是祈求闭门时间晚一些，再晚一些。

饭后沿河边散步。此时，阳光普照，温度已升至零上，未觉得冷。河两岸的山峦重又变回土黄色，积雪消融后，一副郁郁寡欢的模样。河边的树今日格外好看，其中一棵，孤零零地立在河道里，枝条顽强地刺向天空，是不屈的倔强，突然让我有一种莫名的感动。

有村人在河边杀猪，见我走过，双手抓住猪耳朵向我展示大大的猪头，喊我晚上去家里吃肉，我挥手致谢。村民往往在年初捉一只猪崽儿来养，年底杀来吃，这只猪在当地被称为年猪，猪肉被称为年猪肉。我有幸品尝，真切体会到什么叫肥而不腻。

沿河边散步一圈接近五公里，需要一个小时。下午一点半，提着在路边买的几个橘子与苹果回到房间。依旧坐在沙发上翻书，依旧无电，依旧没有热水喝。

三点半，乏困，百无聊赖，索性上床躺一下，竟一下睡到六点钟。醒来天色已黑，呆坐在黑暗中，脑海空虚一片。劝自己说下楼吧，动一动，于是下楼走路。政府大院，一片漆黑寂静。

在院门口遇到几个朋友，听说我刚下楼，便喊我一起吃饭。

毫无饿意,想想还是同意了,似乎唯有吃饭能打发这漫漫长夜。

全镇一片漆黑,冷风吹,仅有两家饭馆亮着灯,门外的发电机轰轰作响。一家爆满,几十人挤得满满当当的。去到另一家,同样如此,其中还有一桌围坐着七八个喇嘛,二十多岁到五十多岁不等,有人在看手机,有人在谈笑。

到饭馆时不到七点,坐定点菜吃饭时已是一个多小时后的事。喝了一点朋友自己酿的青稞酒,简单吃了些东西,了无生趣,旁边的嘈杂加重了这种虚无与迷惘。离开时,饭馆陷入黑暗,发电机的汽油用光了。店主燃起一根细细的红色蜡烛,喊醒旁边睡觉的小女儿。小女孩儿揉揉眼,打个哈欠,慢慢走到摆好两盘青菜、三碗米饭的小桌前坐好,全家人开始吃晚饭。

有朋友提议去河对面的广场散步。几个人一前一后地走,彼此看不清,靠着声音辨别方位,如万圣节本色出演。有人提议明天去水电站钓鱼,我爽快地答应,却又很后悔,因为知道自己肯定钓不到鱼。

返回路上,走过小卖铺时突然意识到房间没有蜡烛,扭身回去买,回复说早已卖光了。到哪里去找根蜡烛呢?思索半天,依然无果。

无处可去,只好去门卫陈师傅的房间。他的房间不仅有烛光,还有炉火。推门进去,几个人在屋里聊天,我的镜片布满雾气,用烛火烤了一下,然后找了个地方坐下,大家借着摇曳的烛光有一句没一句地说着话。

得知俄罗斯的一架飞机坠毁,二百多人,十七个儿童。有人讲出这起事故,几句回应之后,屋内陷入沉默。而我,只觉心肺寒凉。

呆坐在烛光映照不到的黑暗深处。
让一切都融入黑暗。
让一切在黑暗中归于简单。

于我,此刻是多年未曾遇过的情景。我想起了小时候老家的夜晚,半截蜡烛,父母、爷爷奶奶,陪伴着我。一晃,几十年了,几十年也就这样悄无声息地过去了。天上的爷爷奶奶是否安好?他们是否找到了彼此?是否还像从前那样笑眯眯地看着我?

继续坐着,不想说话,也不想听他们聊天,只是呆坐着。不知过了多久,灯亮了,来电了,屋内的小孩子兴奋地叫起来,我只是默默地起身,跟他们打过招呼后准备出门。

桌上的蜡烛也即将熄灭。大家也起身互相告别,陈师傅还要烧锅炉,为大家供暖。

回到房间，烧一壶热水，坐下来，捧着水杯，回想他们今晚描述的一帮人去"浪山"的情景，感觉到房间里的暖流慢慢向我围过来。

可不可念

我不止一次地思索故乡的意义是什么，
离家多年，故乡的面目变得模糊不清。
可能故乡于我，只是一种怀念，
对过去岁月的怀念。

/ / /

不可念

五月，在甘南小镇的那个夜晚，我始终难以入睡，感到莫名焦躁，也没有如往常一样关掉手机。

凌晨五点钟时，父亲打来电话问我今天能否回家。我忙问他出了何事，他说："你奶奶，你奶奶可能不行了。"声音很轻，小心翼翼。

再也睡不着，起身收拾，联系去兰州的车，选最早的航班，即使如此，也要深夜才能见到她。

奶奶今年九十二岁，不说话已经很久了。2009年国庆节，我回家看她，走时她送我到门口，强行塞给我一沓钱。我坚决不要，我说我都已经工作了啊，她坚持要我拿着。我对她说，还有一个月我就回来了，到时候参加我的婚礼啊。她笑得开心极了，那天的阳光真好,她笑眯眯地站在门口的阳光里。这是我最后一次跟她讲话。我将她给我的六百元钱放在钱包里,一直存到现在。

我离家后不久,她突发脑溢血。妹妹发信息给我:"哥,你知道了吗?"我打电话问她何事,她支支吾吾地告诉我说奶奶病了。我急忙坐火车回家,来到医院楼下,弟弟陪着我,告知我她的状况。得知真相后,我突然不敢上去看她了。我站在院内树下,每当我尝试着向楼门口走去,眼泪便会涌出来。反复七次后,我终于走进病房。她安静地躺在那里,头发已经被剃掉,头顶插着两条引流管,气管被切开,眼睛微闭,生死未卜。我握着她的手,看着她,默默流泪。不久后便是我的婚礼,那天她仍在医院。给父母敬茶前,爱人不停环顾人群,问我奶奶呢。我沉默不语,不知如何回答。婚礼后,我去到爷爷坟前,清理掉杂草,一次次地请求他在天有灵,保佑奶奶渡过难关。

奶奶终于醒了。只有左侧可动,再也说不出话。她醒后见到我时,号啕大哭,像一个受尽委屈的孩子,我不停抹去她眼角的泪水。我告诉她,有次我蹲着洗衣服,蹲了很久,结果站起来之后不能动,身体直直的。我学给她看,她扑哧笑了,那是在她生命最后七年中我见到的她的唯一一次笑容。以后的许多次,我坐在她身边,她依旧凝视着我,再无当初如无助孩童般的号啕与抽泣。静静侧卧的她,仿佛置身沉默的怀抱。我看向她,内心平静,仿佛在回望一段段过往,一束束光亮。我将她毫无知觉的手放在手心,揉摸着，帮她把几缕散垂的头发整理到耳后，虽明知徒劳却反反复复地试图将她额头上的深深皱纹一一抚平。不多会儿，她就会闭上眼睛，然后，泪水流出来。而我，则会默默地用纸巾帮她擦拭。

奶奶病后，我在家的时候，除去睡觉，待得最久的地方就是厨房。上午十点半到十二点，下午四点半到六点，我都会一个人在里面，慢慢地洗菜、择菜、烧菜。从前，我总把土豆丝切成粗粗的条，而现在，我能把它们一刀一刀地变成纤细喜人的模样。现在想来，厨房之于我，颇似禅房，它能让我在浓郁烟火气息中学会沉静与自在，并一点点弄清那些被无心漠视、被故意冷落、被渐渐忘却的生活中的情境与枝节。

我时常想起爷爷，一个穿白衬衣的清瘦老头儿。读高中时，要上晚自习，我回家吃完饭就得立即返回学校。常常是在我吃饭的时候，他会告诉我说那个胖乎乎的女孩子已经吃完饭又去上学了，并且表扬她的积极上进，说她的学习成绩肯定差不了。他的房间靠着马路，可以透过窗户看到外面的情景，他喜欢坐在窗前看马路上的来往行人。那个胖乎乎的女孩子是隔壁班的同学，住得比我远，但每次返校的速度都比我快。我一直没有告诉爷爷，那个胖同学的成绩其实不怎么样。

一年后的夏日黄昏，一家人像往常一样在门口的马路边乘凉，他半躺在竹椅上，我在离他不远的小马扎上背身坐着。晚风渐凉，繁星漫天。他起身想回去休息，我没回头，直到他喊我。

扭头看时，见他无法从躺椅上起身，我急忙去搀扶。他的大手抓住了我的胳膊，很用力。

这一幕即使在许多年后依旧会清晰地浮现于我眼前。现在看来，这就是他病情恶化的一个先兆吧。送他去医院检查，结果是癌症晚期。大家自然是瞒着他，骗他说很快就能康复回家。那个夏天，烈日肆虐，没有一丝风，呼吸都有些困难。我躺在楼顶，望着虚无的夜空，久久无法入眠。因无法医治，医生建议我们带爷爷回家，准备后事。家人抬爷爷出病房时，爷爷抓住了门框，很用力，眼巴巴地看着他的孩子们。

《无常经》中说：有三种法，于诸世间，是"不可爱"，是"不光泽"，是"不可念"，是"不称意"。何者为三，谓"老、病、死"。

此时，我在远离故乡的小镇，依然会时常想起他们。

我不止一次地思索故乡的意义是什么，离家多年，故乡的面目变得模糊不清。有些街道不再熟悉，有些风俗已然忘记，有些邻家长辈也已逝去。有天，我来到曾经在里面学习过两年半时间的中学教室，寒风从被拆掉窗框的窗口吹进来，墙上的纸呼啦作响，乱七八糟的文字与图案涂满前后两块黑板。门外匆匆走过一个满脸沧桑的中年男人，待他走远，我才蓦地想起，他就是当年那个俊朗偶傥的政治老师。看着他远去的背影最终消失在转弯处，我意识到，可能故乡于我，只是一种怀念，对过去岁月的怀念。我已与它一起,被深深嵌在每一张发黄的照片里。如今的宽阔街道、新式建筑,以及一张张年轻陌生的面孔,与我已没有那么深切的联系了。故乡,是夏日夜空下,风吹过院子,树叶发出的簌簌声响,那么美妙,悦耳悦心;是坐在台阶上,与身边的小黑狗说话,指着漫天星辰对它说哪一颗最亮,哪一颗最近,哪一颗是我,哪一颗是它,以及哪一颗上面有我最爱的人。

这些年,经历了许多,一些成长,一些转型,一些伤害,关于好与坏、黑与白、常与变,有了更多义的理解。曾有一段黑暗的时期,我在纠结与抗争中张皇失措,眼见自己被挤压成一个干硬扭曲的核。孤独、封闭,远离亲近的人,于是被误解、被失去。想来也奇怪,明知更重要,却偏偏那么容易忽略最亲近的人。如今回头看,发现我们被太多东西束缚,时常活在别人为我们营造的幻梦中,从而离踏实、诚恳、本真的自己越来越远。范仲淹在《剔银灯》中写道:人世都无百岁,少痴騃、老成尪悴,只有中间,些子少年,忍把浮名牵系?

的确,人生在世,真正需要的东西并不多。所以,我才会对自己越来越苛刻,对外在的世界,反而变得宽容,努力在对虚荣、自负与自以为是的躲闪中永怀一份天真。

一路走来,会遇到不少人,若有缘,则同行一段,有些,甚至会陪伴许久。但更多的人会突然从生命中消失,悄无声息地走掉,带着彼此残留的一份爱。世间的万般情感,如果足够纯粹、明净、温暖，都值得被欣赏与理解。在小镇，我慢慢懂得，爱其实是一种能力。对个体而言，爱要经历三个阶段，起初是矜持下的蠢动，羞涩中的狂热，会大哭大笑大吵大闹，却又不谙其内蕴，似乎仅凭一颗努力给予美好的心就能征服他人与世界。接着是在逐渐扩展爱的边界中体悟，明了一些从未懂得的道理，学会如何在感情依旧丰沛的时期更好地爱他人。我想，这是最令人愉悦的阶段吧。等到了最后，已经见过了太多的人，付出了许多的爱，明晰了爱的真谛——姑且不论是对还是错，还有了强大的爱别人的能力，只可惜再也没有那么美好的感情，同时也懂得了如何远离爱带来的陷阱与旋涡。这份充满爱的心，像极了时光流逝中的一朵紫藤花，从起初的鲜嫩，至葳蕤，再到最终的枯萎。在爱的能力之中，有三种很重要，那就是疼、体恤与倾诉。爱，让人心疼，不管是爱着，还是失去。爱的反义词不是恨，而是不爱了，而是从此两者再无关联，而是对方再也不会令自己的心有一丁点儿的疼。因为疼，所以努力体恤他人的心，因为足够体恤，所以一点点的爱就可以使得繁星璀璨、繁花绽开。如果两者彼此体恤，就不会因为不能有效倾诉而有隔阂，日趋疏远。

　　当我长久地坐在奶奶身边，凝视着她，陪伴着她的时候；当我在厨房花费很久的时间，用刀切土豆丝的时候；当我多次在不同的时间观看一朵花的时候，都会有一种爱缓缓地沁出。爱，与慢是在一起的。慢，让爱从容优雅，让爱浓烈醇厚，让爱得以维系至远方。多年前,我喜爱飞翔,"飞翔,飞翔,无所谓方向",是多么酣畅淋漓,洒脱奔放。可今日,在甘南的小镇,我越来越愿意将自己归于大地,植根泥土,因为只有大地才能给予悦纳的芬芳。

念

女儿是我的软肋,从我看到她的第一眼时就注定了。

那晚九点多,她在奶奶的虔诚祷告中降临到这个人世间。当护士推着小车出来,我轻轻掀开棉被,她举着小手冲我笑了,我的心似乎也融化了。等到回到病房,女儿送回我和爱人身边,我长时间地望着她,什么都不做,只是望着她。后来爱人跟我讲,同病房的人都说我很奇怪,就那么一动不动地盯着女儿看。我听后不知怎么回答,只是笑了笑,然后接着望向她,一个粉嫩可爱的小女孩儿。

我离家赴甘肃时,她只有四岁,刚入读幼儿园,每天都傻呵呵的。我第一次离家远行时是个清晨,她尚在梦中,等到后来我回家休假并再次离开时,我拖着行李跟她告别,她微笑着向我挥挥手,然后转身继续去忙自己的事情。可等她到了五岁,突然像长大了一样,与我视频时不再是咯咯地笑,或者是不理我,而是泪流满面,表达对我的强烈思念。还有什么能够比得上女儿对自己的思念更幸福呢?再到后来,她让我写信给她,于是在一个风雨之夜,在一座只有我一个人的大楼里,给她写下了这封信:

我亲爱的麦子，现在正在做什么美梦吗？爸爸此时在离你很远的小山村里，此刻的窗外雷声阵阵，狂风吹卷着大颗雨珠不断敲击着窗户的玻璃。今晚停电，爸爸点了一支蜡烛，在烛光里看了一会书，可读着读着就开始想你了。我想象着你酣睡的模样，侧着身，头枕在一条胳膊上，呼吸均匀轻微。小时候的你时常在睡梦中突然手脚抽动，或者突然抽泣一下，我着急去抚摸你的脑袋，但你却像没事人一样继续沉睡。我想起在你很小很小的时候，有次我从书上看到对付一个孩子哭闹的办法，书中写到不要在孩子哭泣的时候第一时间抱起她，而是选择不要去管她，等她哭累了就好了。我尝试过一次，三分钟、五分钟、十分钟、十五分钟，等到二十分钟的时候我再也忍不住，把你抱在怀里，而你仍旧哭泣，后来即使在睡梦中，你依旧会时不时地抽泣。于是我再也不去乱翻书了。

我亲爱的麦子，你是不是梦到了许多美味可口的食物？还是梦到自己在医院中照顾病人？我们常常问你长大后要做什么，你起初说要做一名护士，我问你为何不要做医生，你坚持说要做一名护士。我问你医生与护士的区别，你双手拉开玩具听诊器很小声说不知道。朋友们告诉我小孩子一天一个想法，很快就会变的，而你却坚持了很久，直到进入幼儿园一年后突然告诉我说要做一个面包师，我笑着问你怎么不做护士了呢？你仿佛意识到了什么，害羞地告诉我说要当一个会做面包的护士，我说你就知道吃甜食，而你以咯咯的笑回应我。每每想起这些，爸爸的心里都暖暖的。

我亲爱的麦子，爸爸今天刚从兰州返回村里。昨天晚上我在党校的院子里走路，听到手机响，打开一看，原来是你。视频中的你起初有些羞涩，因为好久没看到爸爸有些陌生，但不一会儿你就活泼起来，我问你幼儿园的生活，你一一回答我，可聊着聊着，你突然问我，爸爸你什么时候回来？爸爸你怎么还不回来看我？不待我回答，接着你在视频中哇哇大哭，泪流满面，爸爸的心很疼。于是我跟你开玩笑，给你讲好玩的故事，可你依然很难过，你问我何时回家，我安慰你说很快，我答应你会很快见到我。你让我在你明天醒来前回家，我说好，你跟我拉钩，让我保证做到，我慢慢地说好，你反反复复地让我保证，我反反复复地答应你，直到最后你破涕为笑。

我亲爱的麦子，爸爸生活的地方抬头就是闪烁的星群，它们密布于浩瀚天空，硕大明朗，有时在山顶时似乎伸手可触，唐代大诗人李白写过一首诗，其中有"手可摘星辰"一句，他说他不敢高声说话，怕打扰到天上的神仙，是不是特别的有趣？看到星星，爸爸想起那次回北京休假，晚上你跑到书房来找我，你趴在窗户上往楼下看，突然你指着窗外大声对我说，爸爸爸爸，你快看，我问你怎么了，你说星星落在院子里了。我起身顺着你的手指望去，原来是一盏盏的路灯，它们在黑夜中闪闪发亮。我很想笑，可又觉得你说的这句话真美，"星星落在院子里"，多美妙的一句话啊，爸爸把你抱在怀里，反复在心底默念，怪不得有人讲,每个孩子都是诗人。麦子,爸爸工作的村子有很多人住在山上,每到晚上便漆黑一片,你知道爸爸做了什么事吗?爸爸帮这里的人安装了很多的路灯,安好的当晚,爸爸来到山上,看着一盏盏明亮的路灯,想起你说的那句话,但是我亲爱的麦子,此刻是星星落进大山里了。

我亲爱的麦子,明天爸爸要去给一所村小学送些图书和玩具,这是爸爸这段时间在做的一件事。全国的叔叔阿姨们送来了许许多多的文具、玩具、图书等等,我要把它们一一送给这里的小朋友们。麦子,这里虽然很贫穷,但是这里的小朋友跟你一样天真可爱,他们中的大多数人也跟你一样爸爸或者妈妈不能陪在身边,他们被称作"留守儿童",等你长大了你会明白这个词语的真实含义。所以爸爸想为这里的几所村小学的孩子们做点事情,送适合的图书给他们阅读,送书包、文具给他们使用,也会把滑梯、足球交给他们玩耍,爸爸只是想让这些缺少父母关爱的小朋友们感受到一些开心与欢乐。有次,爸爸把一个足球送给一个比你大一点的小男孩,他羞涩地不敢接,爸爸放到他的手心里,他抬头看爸爸,爸爸看到他眼睛里有快乐的光,而这光,我也曾经在你的眼睛中看到过。

我亲爱的麦子,爸爸生活的地方天空是湛蓝湛蓝的,白云朵朵自由飘荡,爸爸独自在高高的山顶坐着,向山脚、向远方望去,我会觉得云是我的臣民,而我是风的君王。你要过些年才会体会到爸爸的这种心境。有时在这样的环境中走路，我会突然想到你今天呼吸的空气好不好，如果今天有雾霾，爸爸会因为自己在这样洁净的空气中呼吸而内疚。有时，我也会因为自己不能见证你的成长而感到遗憾，因为不能始终陪在你的身边而自责，但是爸爸现在所做的是一件很有意义的事情，每个人的人生很长，但也很短暂，可以做的事情不多，但是能够参与到时代里并在其中留下或许不算清晰的印记，就是一段有价值的人生岁月。我希望我所做的事情可以让长大后的你感到自豪。

我亲爱的麦子，再过些天你就会看到爸爸了，爸爸会带礼物给你。你总是很乖，所以我不需要跟你讲你要听话之类的絮语，你是那么的乖巧懂事，甚至会让我有些心疼，爸爸其实很不愿意看到你懂事的样子，你的调皮你的哭闹你的顽劣，爸爸都有足够的耐心去包容。当然，爸爸更不会跟你讲好好吃饭的事情，因为你从小的胃口就很好，奶奶与姥姥的手艺那么好，你就像气球一样慢慢变大了。所以，你常让我们喊你胖子麦。爸爸跟你开玩笑，说你太胖就不要你了，其实是骗你的。之所以告诉你，是因为有次你趴在我身边问，爸爸，是不是我太胖了你就不要我了。我亲爱的麦子，爸爸永远都会要你，永远都会爱你。你是上天给予我们最美好、最珍贵的礼物，爸爸和妈妈对你没有太多的要求，只是希望你可以快乐健康地长大，在时光中变成一个善良、正直、优雅、可爱的姑娘，爸爸会因为有你陪伴的时光而幸福。

我亲爱的麦子，我亲爱的女儿，好好睡吧，做个美妙的梦，让我们在梦中相遇，爸爸会带你不停地欣赏美景与有趣的地方，中途吃可口的点心，玩各种美妙的玩具，还会给你讲动听的故事。

其实这些年来我有给她写过好多的信，即使明知她还看不懂。这封信的时间写了很久，我用了几年的时间才最终拼凑成了一封信。当我完成它的时候，她已是八岁的小女生了。那晚她跑来书房找我，问爸爸你在干什么，我说我在写随手记啊，她问什么是随手记，我说就是随手写的一些话。她让我读给她听，我便找了一些读给她，她竟然很喜欢。再到后来，我把这封信翻了出来也念给她听，当我读完时，她在我怀里哭了起来。

现在的她已是九岁五个月，喜欢听书，不怎么爱看书。有时候我们一起在书房，我会读几篇她喜爱的文章，她依然会被书中的某些章节所打动。我也曾问过她对书房的感觉，她说"很可爱"，因为墙壁上有一只红彩笔画的小鳄鱼，我以前竟很少注意到，我让她接着说，她脱口说出一些句词："参差不齐、五颜六色、各种各样的类型、文学书、照片、你写的书，还有一些恐怖的。"我问她哪有恐怖的书，她指指其中黑白封面的一本，没等我回答，她又指着临近的一本逐字念出来——《我将不扔》，原来书脊上"朽"字是毛笔写的，被她误读。我笑着纠正她，这本书是《我将不朽》，"那你别扔"，说完她便转身关门走了。

七八月时节,气候温和,

农事间歇,家家户户收拾起锅灶炊具与饮食物品,

穿起盛装,全家出动,

到野外山坡、草地、河边选好地点,搭起帐篷,会餐、饮酒、歌舞。

吃着大块的手抓羊肉,喝着大碗香甜的酥油茶及青稞酒,

仿佛置身远古时代,回归到大自然。

青年

困境的气息

"量力而行,尽力而为",
这八个字如同一束微光,始终引领着我,
不让我的激情被现实中的种种困难与无奈消磨干净。

/ / /

时常要上山。

时常要在高低曲绕的山路上穿行。

有时因为下村工作,有时则只是单纯地想走一走。许多次,我站在高高的山路上,长久地望向远处积雪覆盖的峰顶,看天空大团大团的白云在山腰草场投下阴影,各色牛羊洒满山坡,它们或悠闲地啃食青草,或两相厮磨,还有块块长满金黄油菜花的梯田,层层叠叠地向山脚而去,野鸡与戴胜鸟在其中飞起又落下。在山腰与山脚,有或成片或稀散的白色房屋,那是村民的家。赶上吃饭时分,见缕缕炊烟扶摇直上又慢慢散去,直想起"白云生处有人家"的诗句。这样的景象看得久了,愉悦仍在,但也多了些异样的味道。

冶力关是名副其实的山区,镇内海拔四千多米的白石山是整条秦岭山脉的起点,而邻近的莲花山则是青藏高原的末端,镇内少有的开阔平坦处早已挤满了幢幢房屋。此地道路尚且宽敞,县里有些乡镇道路更是狭窄,只有一条仅容两车通过的主干道,并且长度很短,村民住在山上或者道路两旁。我有时站在高处向下望,车辆与行人在山缝中隐现,"困境"一词不停地在我的脑海中闪过。

关于困境,想起多年前读过的一部名为《望断南飞雁》的作品。沛宁与南雁这对旅居海外的中国夫妻,对生活的美好憧憬,以及在追求中深陷家庭与事业的纠结从而难以摆脱的无力与无奈,代表了大多数人正在或者曾经经历的那种对美好"期盼而不可得"的挣扎与煎熬。作者利用一个常见的故事不断考问着我们的生活与精神困境,并由此揭示了现代人生活中随处可遇的人生之难。的确,在展示人生的困境方面,城市文学似乎比乡土文学更全面而深入。我国文学传统中的城市多是作为悠然、静好的乡村生活的对立面出现的,城市将人异化,从而暴露了人性中恶的一面,在它的内部,聚集着太多的虚伪、阴郁、丑陋与冷酷。但对个体而言,城市又意味着更多的发展机会与提升可能,就像《望断南飞雁》的结尾预示的那样,夫妻两人面对的困境不是困局般的黑箱,撕开来,困境之中好似包裹着具有生成无限活力的精神的种子,在不屈不甘中深藏着破土萌发的祈愿。当我面对冶力关这个小镇时,我体会到的是另一种困境,这种细思极恐的生活,我不敢用"无望"一词描述,但又实在很难找到更合适的词语。我无法否定这份困境中蕴含的希望，正如我很少对这种希望抱有太多希冀。

在小镇与村子里待久了，对环境与人逐渐熟悉、适应起来。刚来时，遇到一个村民因为自己的一垄地被相邻土地的主人种了粮食而不依不饶。我与村干部闲聊，问及原因，试图与他们一起找出解决的办法。

"有必要为了这点鸡毛蒜皮的事吵得面红耳赤吗？"鸡毛蒜皮，是我对这件事的定义，"乡里乡亲，低头不见抬头见，为此大动干戈伤了和气，实在没有必要。"

"这一垄地能打多少粮食？折合成钱有多少？"我问村干部。

"钱不多，也就几十块吧。"村干部回答我。

"让他别闹了，大不了给他补一百块钱，闹来闹去也不值得嘛。"我以为自己找到了解决问题的方法。

"书记，真有这么简单就好了。你没见现在两家人连话都不说了吗？"两户村民所在社的社长说了这么一句。

"就为这点小事也不至于啊！"

回想起当时的一幕幕，以及我的神态与言行，我看到了自以为是，甚至是不屑。几个月后，当我再次遇到类似的事情时，我学会静下心来仔细倾听这件事的前因后果，然后判断谁的过错多一些，谁的责任少一点。有天我突然意识到，可能这就是融入吧，我已经慢慢融入他们的生活。至于我究竟是何时融入这片土地的，总没有一个确切的答案。

任职的日子里，要进村推广扶贫项目，走访、统计贫困户情况，参与基础设施建设，设计文化墙，与党员进行政治学习、整治环境卫生、开展助学活动，等等。工作内容广了，了解深入了，我也越发焦灼与痛苦了。我悲哀地发现，越来越多的工作背后是越来越多需要努力去做的事情，这将让我变成一个高速旋转的陀螺。但是自己能做的太有限，要改变一件事情极其艰难。小事情尚且如此，遑论大一点的事情。

到甘南任职前，我曾与一位县里的干部一起用餐，请教工作经验。他与我讲起自己刚到任时的一个愿望："我设置了接访办公室，每天都会抽出一定的时间接待来访群众，解决百姓的各种问题。后来我发现，我的精力不够，我根本没办法正常工作，最后不得不取消了。"一段不算长的时间后，我对他的这段话便有了深刻的体会。身在基层，仿佛置身于高大金字塔的底端，我只能做一块小小的活性炭，在基层这片汪洋大海中尽可能地吸收一些杂质，释放一份洁净。"量力而行，尽力而为"，这八个字如同一束微光，始终引领着我，不让我的激情被现实中的种种困难与无奈消磨干净。

我有时也会反复体会"基层"一词的含义，基层是什么呢？在村里，在镇上，基层意味着未知的等待以及说走就走的安排。

基层，是信息传达的尾端与末梢，无法摆脱需要不断调整才能适应反复多变的信息的命运。基层，是被太多的无望交织缠绕的生活，所谓的精确、谨严、上进等被一一碾碎，化作无法掌控与无法言说。

近些年，基层工作的压力加大，人员随之扩编。现在冶力关镇的干部约有一百二十人，而1985年后出生的年轻人占一半以上。我住在镇政府的办公室里，有许多与干部们交流的机会。在冶力关待久了，与干部尤其是年轻干部越发熟悉，他们时常与我聊天，聊各自的工作、生活、家庭，聊至动情处甚至会潸然泪下。基层工作难做是不争的事实，正所谓"上面千条线，下面一根针"，许多工作派发下来，不仅内容多，而且要求在短时间内完成。精准扶贫工作开展以来，冶力关作为全县的示范点，压力很大，镇上干部们在本职工作外，还要应对各种视察、考察及检查，其压力可想而知，于是他们经常性地不分节假日地加班。白天在村里忙工作，晚上饭后还要开会。镇上开会的时间很长，往往要通宵。许多次我都已经躺下，听到他们从楼上下来时发出的杂乱脚步声，在深夜里显得格外沉重。

乡镇干部大多来自本县，也有一些从邻县调入。他们彼此熟识，动辄是某人的同学、亲戚或者朋友。虽然都是本地干部，但是分居的多，这分居不仅是夫妻之间，也是与年幼的孩子。更有甚者分居四五处，自己在镇上工作，爱人在一地，父母在一地，孩子在一地。这种情况也在客观上造成干部对家庭的忽视。有次我们下村回到镇上，刚把材料放下，尕袁就急匆匆地往家奔。我问他是否有急事，他说："连着加班好几天，顾不上家，今天再不回去，媳妇会疯的。"这样的对话无数次地发生在我和他们之间，他们谈起此事时也多有愧疚。

乡镇干部多出自农家，常怀光宗耀祖之念，他们拼命工作以期有朝一日出人头地，是再正常不过的事情。只是乡镇工作人员多，升迁概率小，几年过后，理想慢慢被现实磨平，日趋繁重的工作也让他们越发焦灼。我刚到小镇时，看到他们黧黑的面孔与成熟的做派，总会以为他们的年龄较我稍长，后来才发现，他们中的绝大多数要比我年轻，许多还年轻不少。他们在这种地理环境与生活工作环境中快速地成熟，展示出与年龄不相符的阅历与沧桑。近两年，脱贫工作时间紧、任务重，乡镇接到的各种扶贫表格与数据统计不胜枚举，短时间内需要完成的表格之多让我愕然，并且工作中的细微错误，都会导致整个工作被推翻重来，接着就是再一次的通宵加班。有时下村工作，与村民的关系处理不好，配合上的摩擦也让他们心力交瘁。有时我会纳闷于他们的思维方式以及工作效率，后来我越发明白，永远不要轻视这些表面的问题，思考问题简单化会导致更加复杂的问题出现。值得庆幸的是，冶力关的工作条件还好些，不至于叫人时时忍不住想逃离。3月的一个深夜，小松来找我。他出生在全县最贫困的一个乡，毕业后来冶力关工作已有五六年了。那晚他喝了一些酒，见整幢大楼只有我的窗口亮着灯，于是上来和我说说话。满脸通红的他坐在沙发上不停地吸烟，他向我描述他出生的地方，讲家族的荣耀与哀伤，他还提起他的爷爷。作为长孙，他从小就离开父母，被爷爷带到县城抚养，爷孙之间的感情自不必说。他是在爷爷的注视下上的大学。大学时，他留起了长发，爷爷难以忍受，让他剪掉，他拒绝了。于是爷孙俩竟然很久不再说话，也没有见面。后来爷爷病了，病得很严重，他幡然醒悟，在回去的路上找了一家理发馆。他去看爷爷，爷爷的眼睛已经看不清了，爷爷摸了摸他的头，发现不再是长发后终于解开了心结。在爷爷最后的日子里，都是他陪伴在身边，因为爷爷不允许儿子们来照顾他，除了他最爱的孙子。再后来，爷爷没了，他带着爷爷从医院回老家，那条坑坑洼洼的路，漫长又凄凉，他将爷爷的头抱在怀里，紧紧抱着。讲到最后，小松已是泪流满面。与他谈到未来，他的心态很平和，对我说要顺其自然，在政府上班，不想升职是假的，但经历过一些事，也就慢慢看得淡了。像小松这样心态的干部也有一些，他们早已在生活的磨砺下变得不温不火。一些入职不久的干部拼命工作，格外在意别人的看法，一心想做出优异成绩来证明自己。他们的人生就这样不断地循环着。

未到甘南时知道此地酒风很盛，待真正生活一段时间后，我才知此处的酒风是如何盛行。宾客坐定后，往往由尊者带头，然后大家起身依次向在座者敬酒。敬酒也有讲究，一般是敬酒者手端酒碟，上面摆三至六个酒盅，斟满后请被敬者饮下。敬酒仪式完成后，则是通关的环节。所谓通关，即从尊者开始依次与在座众人划酒拳，惯例为划六拳，每一拳代表两杯。通关环节是全场气氛最热烈也是众人最尽兴的时候，也是饮酒最多的时候，桌下很快就堆满了空空的酒瓶。我时常会想一个地方酒风兴盛的原因，对于甘南而言，藏区的民俗传统应是最重要的原因。藏人爱喝酒，尤喜青稞酒与啤酒，只要天气好，就会看到很多藏人在路边的草地上铺一张垫子，或者干脆躺在草地上，三五人围坐，饮酒谈天。此外，地理环境是否也产生了不小的影响呢？生活在大山深处，饮酒就成了自我释放的方式。尤其在冬天，大雪封山，车辆无法驶入驶出，整个小镇成了被遗忘的角落。在这样的环境中，喝酒就成了百无聊赖的生活中唯一有趣的事。

　　镇上的干部喝酒，是应酬的必要，也是排遣自我愁绪的需要，有些人喝着喝着就醉了，有些人喝着喝着就哭了，是饮酒帮他们或多或少地完成了内心的平衡与调和。饮酒多，又不重视交通安全，所以时不时会发生一些小事故。在镇上的日子里，我看到一些干部酒后驾车出了车祸，不是撞了别人的车，就是被别人的车追尾，所幸都无大碍。他们脸上、身上的疤痕，是曾经或者最近因为饮酒添下的。与他们谈起此事，他们大多哈哈一笑，从此不再提。

关于困境。我时常会反思我见到的困境，对他们而言究竟有多少的影响与困扰？他们是否已然接受并习惯了这样的生活？如果真的是这样，那才是最大的困境。当信心失去，看不到向上流动的希望，将会永陷困境之中。

在小镇的日子里，我感受到了许多，对生活有了更深切的体会。这是一种慢慢去掉对生活的想象，在生活内部生活的生活。小镇舒缓的生活，时常让我忘记了时间，那种以分钟、小时为计的日子离我而去，取而代之的是一种空旷的自由。长久以来紧绷的身体在打开，在松弛中找寻生活赋予的韧性。

这些年，我读过太多关于乡村、农民的文字，此刻当我站在这里，我真切地觉得文章里的乡村与农民既不仅仅是缅怀的载体，也不仅仅是批判的靶子，我们的文字应该是扎根乡村这片土地生出来的灿烂之花，是怀着痛与爱、怀着敬畏的生发。有人说，基层的生活将为我的写作提供很多的资源。我想起三年前主持的一个著名作家的讲座，当有听众问他，是不是当年的苦难岁月成就了他今日作为作家的辉煌时，他略带不屑地回道："我宁愿不做一个成功的作家，也不要去经历那份苦难。"我也很难说出向苦难致敬的话语，我更愿意有广厦千万间，大庇天下寒士俱欢颜。

沈从文在给读者的回信中说：

对现实不满，对空虚必有所倾心。社会改革家如此，思想家也如此，每个文学作者不一定是社会改革者，不一定是思想家，但他的理想，却常常与他们异途同归。他必具有宗教的热忱，勇于进取，超乎习惯与俗见而向前。一个伟大作品，总是表现人性最真切的欲望！——对于当前黑暗社会的否认，对于未来光明的向往。一个伟大作品的制作者，照例是需要一种博大精神，忽于人事小小得失，不灰心，不畏难，在极端贫困艰辛中，还能支持下去，且能组织理想（对未来的美丽而光明的合理社会理想）在篇章里，表现多数人在灾难中心与力的向上，使更大多数人浸润于他想象和情感光辉里，能够向上。

虽然谈的是文学，表达的是对文学家的期许，但同样广泛适合于个体，而我，会将这段话当作一种勉励。

小镇青年、酒及酒事

在小镇上,我有许多的年轻朋友,
他们的喜怒哀乐通过言谈举止自然呈现,较少掩饰。
与他们交往快意直接,如同饮酒般一饮而尽,较少扭扭捏捏、拖泥带水。
我与他们一起欢笑,分享他们的快乐,
也与他们一起迷惘,体味他们的忧愁。

///

因地处青藏高原,小镇的天气变幻莫测。七八月时,中午前后的炎炎烈日轻易能将皮肤灼伤,早晚及正午时的空阔阴凉处则有一份恍如秋日的清爽。晨起洗漱,扭开水龙头,水流冲击中带着彻骨的凉。七八月时雨水很少,入了九月,一下子就多了,随时都可能落下来。时常一场大雨过后,天空陡然放晴,温暖热烈的阳光晒得人睁不开眼,可好景不长,又是兜头一场。许多次,出门前日暖风恬,途中大雨突至,只好狼狈地躲避或者快步返回。

有次运气不错,黄昏时小雨初歇,出门沿河边散步,顺便点了一小碗牛肉馅的饺子。我在这家有着几十年历史的清真小店把二十三个饺子吃下,慢悠悠地走回住处后,窗外瞬间电闪雷鸣,大雨骤降。九月一过，雪就来了，今儿个一场，过几天又是一场。有时是雨雪同落，也分不清究竟哪个更多一些。但雨雪下归下，在中午阳光的照射下留不下一丝痕迹，若非亲眼所见，实在难以置信。

与天气的多变一样，小镇时有停水断电的情况发生。印象中有次晚间夜雨突来，急忙起身关窗，还未转身，灯管忽闪几下，接着彻底熄灭，整个房间、整个楼道，瞬间一片黑漆漆。还有一次早晨起床后刚烧好一壶水，就发现停电了，接着水也停了，郁闷之余又庆幸没有先洗漱，留下了饮用的热水。小镇停电多是一整天，白天尚好，在屋内翻书，去楼下走路也就打发了；待到晚上，顿觉长夜之漫漫。有时会约三两个朋友去饭馆吃饭，镇上有发电机的饭馆就那么几家，挑一家人少的点几盘菜，在发电机轰鸣声中坐至深夜再返回。更多时候是点一根蜡烛，在房中静静坐着，手机、电脑不可用，于是或闭目养神，或读书、抄诗，或是想村里的人与事，以及平日里接触到的年轻人。

在离开北京赴甘南小镇工作生活的半年里，我发现这里与全国许多地方一样，年轻人并不多，青壮男子则更少，只有重大节日他们才会从周边的县城或者兰州等地打工归来。前几日去李书记家，碰巧遇到一个刚从兰州打工回来的小伙子，二十出头，国字脸上有着当地常见的高原红。他身穿厚厚的军绿色大衣，正蹲在烤箱前取暖。问他外出打工多久了，回复说两个多月，问打工的收入如何，他憨憨地笑着说一万多吧。正在倒水的李书记听到了，扭身对他说："咦！哪有那么少？怎么着也得两万多吧？"小伙子先是羞涩停住，接着又连忙摆手说："没那么多，没那么多。"

镇上的年轻人要多一些，常见的地方有两个，一个是河边的台球桌旁，另一个则是镇政府。七八月时，大批年轻人聚在台球桌前，从早到晚。一些年轻的喇嘛也参与其中，有次我骑车从桥上过，看到两个比台球桌高不了多少的小喇嘛正聚精会神地玩台球，旁边停放着一辆火红色的摩托车。十月过后，天气转寒，年轻人只好去别处消遣，河边的六张台球桌被封裹得严严实实，停业待来年。因为下村工作减少，在镇政府工作的年轻人在办公楼进出的身影便多了起来。近些年基层工作人员扩编，镇政府的工作人员大幅增加，现在约有一百二十人，而1985年后出生的年轻人占一半以上，这其中我常见并能喊出名字的差不多有三十人，小尤是我最早见到的几个年轻人之一。刚到小镇的时候，是他把我带到镇领导的办公室。为我倒过水后，他便在我对面的沙发上坐下，高高瘦瘦的他双手交握放在腿间，眼镜片灰蒙蒙的，久不擦拭，一小撮硬硬的头发斜刺出来，在一片油亮杂乱中格外醒目。总是要说些话的，我问几句，他答几句，除此无话。

与小尤的深入交谈是在两个月后。那天，我在食堂吃过晚饭后已近七点，刚回房间又被喊去参加一场晚宴。小镇上的聚会较少提前预约，饭前通知是常态，起初多有不适，既有计划被打乱的无奈，也有被怠慢之感，了解习俗后就释然了。进门后发现朋友们基本都到齐了，他们大多刚从村里工作回来。小尤也在，坐在房间不起眼的位置上，才几天竟有好久不见的感觉。一个朋友被调去邻近乡镇工作，所以同事设宴欢送。举杯几次后气氛慢慢活络，可始终是一种有节制的热烈。席间，我数次观察对面的小尤，他弯腰坐在凳子上，心不在焉，众人大笑时才随着稍微一笑，偶尔起身为大家倒水，更多时间则是一支接一支地抽烟。在我印象中，小尤的烟吸得很凶，并且姿势很奇特，永远都是用嘴巴右侧叼着烟卷，烟卷从不是平直的，而是向右上方翘起。宴会持续的时间不长，我回到房间时还不到十点钟。倒一杯水，刚靠在沙发上取书来读，就听到有人敲门，开门一看是小尤。酒意未消的他手里拿着一沓材料，谦虚地说请我帮忙修改一下。材料不多也不复杂，很快就看完了，我帮他做了适当调整后交还给他。他拿在手里，没有翻看，依旧坐在椅子上闷头吸烟。见他未有离开之意，我便问他为何晚宴时一副情绪低落的样子。

"没有吧，在座的都是领导，我也不知道说什么好。"听到这个问题，小尤先是否认。

"你最近心情是不是有些不好？工作方面的？"我小心地问他。

"也还好吧。"小尤声音不大，表情却变得黯然。

关于小尤的传言，我最近隐约听闻一些，镇政府职位空缺，最有希望的小尤再次落选了。只是我一向不喜流言与八卦，有时竟会有本能的身体排斥，所以就没深入探听。对一个人的判断，我倾向于根据自己的观察与感知，而非那些神神秘秘、似是而非的言语。可是总有许多人以为自己完全洞悉事件的真相，并借助自己的想象与推断，让那些自以为是与自鸣得意的论断散播开去。想想也是可笑，如果真有这么简单，世界岂不是早就臻于完美了！这些传言若是善意的，我们面对一个人，如同面对一个真相，真相究竟是什么，随着年龄增长，我再也不敢妄下断语，洞察这世道人心不是易事。

"其实也有一些吧。"小尤终究是承认了。

"前段时间酒后出车祸，也和这有关吧？"

"差不多吧。"小尤的头微微上扬，轻轻叹了一口气。

小尤今年三十岁，工作了七年，按说也该提职了，但他次次希望最大，最后都不是他。领导也多次向他承诺下一次就提拔，结果却是永远的下一次。就这样过了两三年。现在的他，虽然依旧年轻，却已变成了年轻人中的老资格。

"这种事身不由己的，你还是要调整好心态。"我试着开导他。

"也不是。"小尤说得很慢。

"不是什么？"

"这些年，我经常加班，来得最早，走得最晚，做的工作远远超过那些提职的人。与我一起工作的人都提职了，可我还是这样。如果他们比我强我也就认了，但许多人在工作能力、学历上都不如我。我还有一个弟弟，比我小两岁，我们俩感情很好。我上高一的时候他没了，那时他上初一。我当时是班上的前两名，弟弟没了之后，我的成绩越来越差，下滑到了三四十名，最终没有考上理想的大学，只好读了师专。上学的时候，我的情绪本来就不好，有一个少数民族同学总是惹我。后来有一次我实在没忍住，拿刀子捅了他，一连捅了七刀，当时心里就想着弄死他。后来，他没死，学校准备开除我。说来也巧，那段时间正赶上校长拿枪把书记打死了，好像是因为财务上的事情，我的事就被缓了一下。再后来我爸到学校求领导，都给领导跪下了，我才没被开除，让我留校察看。"

一口气说完这些，小尤的眼睛通红，长长的烟灰，此时也终于掉在了地上。我拍了拍他的肩膀，起身去给他倒水。

"所以我现在特别想出人头地，让父母亲戚脸上有光。我害怕让他们失望，所以我都没敢把这次车祸的事告诉他们，因为我弟弟当年就是因为车祸没的。"

小镇地处群山之间，较少平地，道路条件差，加上酒驾也多，所以事故频发。前段时间接连发生了三起交通事故，三个年轻人，一个追尾，一个撞人，所幸都不严重，最严重的就是小尤。他的酒量本来就不大，再加上心情不好多喝了几杯，执意开车上路，结果撞到路边停放着的一辆大卡车上。小尤的那辆二手桑塔纳的前脸整个被撞烂了，幸亏气囊弹出，人才无大碍，唯有胸膛与肋骨生疼。

"这次职务调整，你的希望如何？"

"好像是没什么希望吧。"小尤很平静。

"确定了？"

"好像是。"

"那就先别多想了。你有资历、有能力，人生中遇到点挫折也没什么。把自己打开一些，别整天愁眉苦脸的，是你的总归会是你的，不是你的，争抢也没有用，对吧？"我用这些连我自己都无法信服的话开导他，而他也默契地配合着点头。

小镇酒风颇盛，规矩也多。与大多数场合相比，欢送晚宴特别斯文。记得初到时，因为不清楚习俗，所以不敢妄动。一次聚会上，一干部略有不满，调侃道："北京来的干部也要入乡随俗，架子不要那么大嘛。"我哪承受得起如此大的帽子，急忙起身挨个敬酒。像宴会式的各自矜持、秩序井然毕竟是少数，更多情况是偏粗野豪放的。往往一桌人坐下后，待常规的敬酒仪式走完，便进入通关环节。通关的方式有两种，一种是划拳，一种是纸牌。酒桌之上会选出一个代表挨个儿与在座的人进行较量，若按划拳论，一般以六杯为准，或划三拳，输一拳喝两杯，或划六拳，输一拳饮一杯；若按纸牌论，则一般以三杯为准。一般情况下，我是坚决不做通关者的。其一，我不会划拳；其二，若无好酒量，想顺利通关是很难的。但有时被逼无奈，也会通过纸牌的方式通关，好在牌运总是不差，大多时候也能勉强过关。当地有一种名为"梦幻拖拉机"的玩法，庄家与在座众人分别各发一张牌，再选一张公牌，然后每个人根据这两张牌想象一张牌凑成三张牌，大小以豹子、同花顺、对牌等顺序论。

在小镇生活，总有一些躲不掉的酒局。有的是推辞不过的应酬，有的则是不期而至的邀饮。多次深夜九十点钟，有人敲我房门，问是哪位，也不说话。开门一看，几个微醺的朋友站在门口喊我与他们聊天。当然，聊天只是借口。起初不管怎样坚拒，都被软磨硬泡、拼命拖拽去喝酒。每每此时，苦不堪言。其一苦于我的酒量应付不来轮番地敬酒，其二苦于无酒菜果腹，只是如饮茶般干喝。问他们空腹饮酒可有不适，答复说传统如此。

小武他们来找我饮酒的那个晚上就是一种不期而至。已经十点半了，我在电脑前忙着事情。有人敲门，开了门，小武他们笑嘻嘻地涌进来，往沙发上一坐，拿出两瓶酒。原来他们刚参加了一个同事的喜宴，见整个大楼只有我的房间亮着灯，就拿酒上来了。我说我这里没什么下酒的菜，他们摆摆手说用不着，接着不知从哪里搬来一张小圆桌,以及几个塑料杯子。席间就谈到了一些当地饮酒的俗事。小虎说得有趣:"刚上大学那会儿,宿舍有两个同学,其中一个报到的时候带了一大桶青稞酒,有三十斤,估计是准备送人的。有同学说没喝过青稞酒,想尝一尝,那个同学就同意了。没想到大家开喝之后,竟不知不觉地把那桶酒喝光了。"

"你们真够能喝的!"我有些惊讶。

"嗨,每个人拿着饭缸,也没有饭菜,不知怎么就稀里糊涂地喝光了。"

"后来呢?"我问他。

"哈哈……"小虎还没回答就大笑不止,"后来我们八个人基本上一个礼拜没下床。浑身乏力,根本下不了床,饭都是隔壁同学帮忙带回来。"听到这,我们几个都被逗乐了。

小虎讲完,小武接着讲,讲的是他与一帮村民喝大酒的故事。小武在我的左侧坐着,每每讲到兴高采烈处便手舞足蹈,而我也就清晰地看到了他右脸下面的疤痕。疤痕真长,从右耳延伸到下巴,痕迹已然变淡,但在他红黑色的脸庞上白得有些刺眼。小武讲完后我问他疤痕的事,他随口说是喝酒弄的。看我不解,他又解释说,有次喝多了酒,出了车祸,"这个地方缝了二十多针。"小武指着自己脸上的疤痕说,"唉!别的地方也有呢。"小武越说越懊悔,我却从这语气中听出了一种不以为然,以及暗自得意的味道。镇上一个四十多岁的朋友也是因为酒驾撞车伤到了腿，现在走路都要借助一根文明棍。有次他与我谈及腿伤，双手用力揉搓着左大腿，告诉我说刚刚做过二次手术，因为第一次手术放置的钢板断掉了。我问他何时可以康复，他说快了快了。我看得到他眼中的憧憬，更能感受到他内心的痛楚与无奈，而这些，我从小武的身上感知不到。或许这就是少年不识愁滋味吧。见小武在讲自己的伤疤，对面的小马也按捺不住了，他说小武那些只是小意思，不如他遭受的罪多。原来小马的伤也是车祸导致的。那次他们几个朋友开车从兰州回镇上，由于劳累，全车五个人，包括司机竟然都睡着了，结果他们的车在高速路上与前方的车辆发生了追尾。之后的事情小马说他都不记得了，只是听说被路边的一帮村民送到了医院。事故前后拖了两年才算处理完毕，小马的桑塔纳车报废了，因为是车主，要赔偿被撞车辆的损失。问开车的朋友可曾承担一些，小马无奈地摇摇头，不停地叹气。

那晚的酒越喝越多，小武的酒量本就不大，多饮几杯后思维越发混乱，声音也越来越大，大家劝说不住，准备要结束。可小武的情绪彻底失控了，他一边用力拍着桌子，一边反复念叨着那么几句："我兢兢业业这么多年，我爸做手术，领导竟然连问都没问过。不仅领导不问，全单位的同事也没有一个去看我爸的。现在我媳妇怀孕了，我以后要以家庭为第一位，事业第二。"后来，小武几乎是吼着说这些话的。小马他们拉他走，他坚决不走,最后几个人把他强行架走了。根据院子里传来的声音判断,小马他们费了很大力气才把小武送回去。第二天上午,小武跑来房间找我。我招呼他坐,他则像做错事的小学生一样站在门旁。他两眼通红,略带倦容,穿戴却是上下一新,淡黄色的夹克毫无褶皱,皮鞋也是明亮无尘。他不停挠着头,为酒后失态跟我道歉,我则反复宽慰他,并让他把昨晚剩下的酒带走,而他却逃一般地走了。

在小镇上,我有许多的年轻朋友,他们的喜怒哀乐通过言谈举止自然呈现,较少掩饰。与他们交往快意直接,如同饮酒般一饮而尽,较少扭扭捏捏、拖泥带水。我与他们一起欢笑,分享他们的快乐,也与他们一起迷惘,体味他们的忧愁。不经意间,我发现自己对年轻人的许多固有认知也在逐渐发生改变。二十多岁,本应是尚存梦想与理想的年纪,而我眼中的他们,一些人洒脱于生活,一些人通透于人情世故,一些人焦虑于职场成长,在不同的表象深处,是他们过早拥有的世故与暮气。与他们相比,我反倒多了些幻想与幼稚。

当我用悲伤的眼神看待他们的人生处境时,不知他们是否也在用同样的眼光看待我。

瓶子里的苍蝇,是他们中的许多人对我讲过的比喻。在他们看来,他们就是瓶子中的苍蝇——前途一片光明,却不知出路。起初听到时,我会与他们一起大笑,可慢慢地,我觉得这并不好笑，甚至有些可悲。是环境的艰苦与生活的复杂，让他们早早陷入各自的困境与无奈之中，还是这是每个人的人生旅途中无解的永恒困境，只是他们过早沉溺其中？小镇散落于群山的缝隙之中，是否这地理的设置早就预示并注定了他们生存空间的逼仄？他们在早早看清的人生之路面前，是悲是喜？若是喜，为何我一点都体会不到快乐？若是悲，又有多少要怪罪于生存空间的逼仄，多少归结于个体安于现状的软弱？我真的是没有答案。

养蜂人龙聃

几十个蜂箱摆放得齐齐整整，
周围的一切同样井井有条、干干净净。
看着这个脸庞黑亮、额头与胳膊被蜜蜂蜇肿的年轻人，
从此以后，在我的心里，
他就是真真正正的养蜂人龙聃了。

/ / /

龙聃的父亲龙永生是村里的名人，早些年村中有人生病或去世都请他来，而他会立马带着自己的家什行头到对方家里，先是表情严肃地查问一番，随后摆起桌案，穿上五颜六色的衣袍，口中念念有词，作过法后再对主人叮嘱一番才会离去。有人送钱财谢他，他都坚辞不受，如果是米面鸡蛋等生活物品，他见推托不掉也会收下。

第一次见龙永生是在村口的石桥边。那天中午，我们一帮人刚忙完文化墙的工作，在一条长长的用于隔断的水泥矮台上坐着。一个穿青色衣服的中年人手持木板过桥而来，"龙永生。"旁边的小岳戳了我一下，指给我看。我抬头看他，只见他身形瘦削，步伐轻盈，近了再看，面庞清瘦，只有一层薄皮贴在脸上，

而气息是明快的。经过我们身边时，有人跟他打招呼，他一笑，脸上堆满了皱纹。

"你们这儿是怎么称呼这种人的？"我问小岳。

"我们这儿叫'神汉'。"小岳回答我。

"噢，好像很多地方都这么称呼。"听完小岳的话我补了一句。

我对"神婆""神汉""巫师"一直都有种莫名的情感，谈不上反感，但喜欢是肯定没有的，我对他们的信任与否定同样强烈。这信任并不是对他们这群人所谓通灵之术的认可与赞赏，而是出于一种对世间科学尚难以解释之事物的尊重。幼小时听奶奶讲过一个"神婆"的故事。那时村中有妇人生病，高烧不退，神志不清，满嘴胡话，其家人请"神婆"来治病。"神婆"来后说妇人沾染了不洁之物，导致鬼魔上身，让家人拿火把和棍棒来。"神婆"手舞足蹈地对妇人大喊："你还不走，你抓紧走！"并让众人用棍棒打妇人，说是赶鬼魔，可怜妇人最后竟被打死了。等我再大些，读小学时，亲眼见邻居发病，意识丧失，痉挛抽搐，口吐白沫。有人讲肯定是被"黄大仙""拿"着了，有人连忙附和，并煞有介事地说前些天看到一只黄鼠狼从她家阳沟里钻出来跑掉了。后来也真来了一个"神婆"作法，效果自然是没有的。最后还是邻居的儿子找来车，将母亲送到邻县的精神病院。等我再见到邻居，她又如常人般生活，毫无病态了。

在我看来，龙永生就是一个普普通通的村民，相貌平凡无奇，但这并不妨碍他的声名。一次午饭后，小尤、尕武，还有小岳等人在院里核桃树下聊天，我闲来无事，也坐在树下听他们讲话。尕武讲到了龙永生，眉飞色舞，绘声绘色。

"龙永生神着呢。他把一只大公鸡放在地上，不知摸了哪里，那只鸡就一动不动地躺在那里了。他围着大公鸡边走边念经，念完经后再一指大公鸡，鸡就死了。"

"鸡本来就快死了吧？"小岳质疑他的话。

"刚抓过来时还活蹦乱跳着呢。"尕武辩解说。

"还有一件事，他让人找来一个陶瓷酒瓶，瓶口用黄纸遮住，放在他跟前三米远。他抓了一把豆子，然后一个个地朝瓶子扔去，最后揭开黄纸，瓶子里能倒出不少豆子来。你说神不神？"尕武朝周围的人双手一摊，以自己也不相信的口气讲着。

小岳再次质疑他："糊弄人着吧？瓶子里本来就有豆子。"

"哎呀，你不信，我就在跟前，真真地看着呢嘛。他也在嘛。"尕武急忙摆手，并指向小尤。

"啊呀，这是我俩亲眼所见。"小尤连忙说，"那天，龙永生还把擀面杖插到蒜臼子里去了。那东西怎么就一下子插进去了？我们俩都拔不出来。"

尕武和小尤说得神乎其神，我竟一时有些动摇了。

尕武见众人不说话，又讲了一个恐怖的事情："龙永生经常晚上去坟地,他说能看到鬼魂,跟鬼魂对话,还会把鬼魂带回家。他儿子觉得好奇也想学,龙永生死活不同意,说他带回来送不回去。儿子不服气,经常偷偷学。有次龙永生把炉钩子烧得通红,用舌头舔了一下,竟然一点事都没有。儿子见了,也用舌头去舔,结果'吱啦'一声……"尕武的话还没讲完,周围的人就哄然大笑,而我似乎闻到了烤肉的味道。

不管尕武他们如何描述龙永生,都很难改变我固有的观念与认知,但有一件事我对他是敬佩的。那时村里有位老人过世,龙永生不请自来。他不讲话,将一盏油灯摆在死者面前,小心翼翼地点燃,然后找来一小盅酒洒在死者身上。他围着死者唱歌,无人能听懂歌词,声调也忽高忽低,曲折婉转,悲伤又清亮。龙永生说:"这个人一生行善,给大家做了很多好事,我要送他上天堂。"

龙聃是龙永生的儿子,也就是那个用舌头舔火红炉钩子的人。龙聃的名字是龙永生起的。当年龙聃的母亲在去医院的途中生下了他。小小的身子,有一颗大大的脑袋,顶着几根毛发,全身黑黢黢的,包括脸。龙永生应该读过《道德经》,熟知老子的故事,于是给儿子起名为聃。只是老子的耳垂饱满,龙聃的却是瘪瘪的。

龙永生的家境尚可,多是祖上传下来的家产,所以龙聃也就没有像村里别的孩子那样吃苦受累。男孩子总归要吃点苦头才能长大,否则容易任性蛮横,心志欠缺。龙聃的学习成绩平平,到处惹是生非,母亲始终护着他,龙永生偶尔会狠狠地教训他,但他不久又故态复萌，到最后龙永生也不怎么管他了。龙聘初中毕业后在家混了几年，后来家人出钱将他送去兰州学手艺。龙聘本不想去，但一想到省城的花花绿绿就动了心，他学过厨艺、维修，还学过开挖掘机，但每次都不长久。

龙聘相貌端正，眉眼中有一股邪劲儿，虽不高大却也健壮，健壮的好处就是让他那原本硕大的脑袋显得不那么突兀，但头发永远是长厚杂乱的。龙聘总喜欢叼一根牙签，伸手捏时可以看到手指焦黄。龙聘爱运动，酷爱篮球，技术一般，但有一股蛮力，始终充满斗志。我到小镇时，腿伤未愈，不能剧烈运动，偶尔去球场走走，有时也会投投篮，一来二去就结识了龙聘。那时他刚从兰州回来不久，我还不知他打算永远在小镇待着了。龙聘在球场上的动作还算规矩，但嘴巴里全是污言秽语，吵嘴进而动手是常态。时间长了，跟他打球的人也就少了。不知怎的，我竟然对他这个球场上的性格讨厌不起来。起初，他以为我是外地游客，不怎么搭理我，往往我问他几句，他才回一句。一段时间后，他知道我是从北京来的挂职干部，就更不爱主动跟我讲话了，但我问他话，他能及时回答。几个月后，我的腿伤基本痊愈，可以跟他们一起打球了，他跟我的关系也密切起来。有时我骑摩托车从球场经过，他看到后会冲我挥手，并且让我玩一会儿，我也多半会向他挥一下手，然后离去。

回到小镇的龙聘无所事事，整日在镇上晃荡。后来也做过一些事，譬如去酒店当厨师，去工地开挖掘机，甚至开过一家菜店，可都做不了多久，总结一下原因，无非一个"懒"字。有天上午我在村委会碰到龙聘从门前经过，便喊住他，问他去干吗。他说四处转转，于是我拉住他在村委会的门口聊天。

"你的脸怎么了？"我看到他的左脸颊上有一大块痂，不像是撞击，也不像是打架造成的。

"喝多了，骑摩托车摔的。"龙聘用食指轻轻摸了一下，一副无事人的样子。

"你真行啊，胳膊、腿也擦伤了吧？"他的这副神态让我突然有些生气。

"蛋蛋，脸咋着啦？爬墙头让狗咬着了啊？"碰巧有人从村委会出来，看到龙聘的脸后打趣他。

"滚！"龙聘向他踢去，对方身子一歪，龙聘踢了个空。

接着又出来一个人，龙聘跟他要烟抽，对方瞥他一眼，说声"没有"，走远了。

"被窝里放屁——独吞哩！"龙聘低声骂骂咧咧。

按说龙聘的年纪也不小了，二十六七岁，在村里像他这样的早就成家，孩子也要上幼儿园了。

"有女朋友了没有？"我问他。

"我看上的，人家不喜欢我；看上我的，我不喜欢。"龙聘嬉皮笑脸地说。

"噢,你爱的人名花有主,爱你的人惨不忍睹呗。"我也跟他开玩笑。

"一回事,一回事。"龙聃哈哈笑。

"这么大人了,踏实干点正事,别一天到晚游手好闲的。"

我收起笑容认真跟他讲。

"是是是。"龙聃见我准备教育他,连连答应,接着推说想起一件事跑掉了。

龙聃在兰州时喜欢过一个女孩子,对方对他也有那么点意思。那时他在学厨艺,女孩子在饭馆打工,两人机缘巧合地碰上了,发现彼此很合得来。两人聊天、吃饭、看电影,慢慢地竟处出了感情。都说热恋中的女人智商为零,在我看来,龙聃的智商还不如零,已是负数了。两人交往半年后,女孩子回家了。没几天龙聃也去了,事前也没通知。讲给我此事的尕武说龙聃可能是太想那个女孩子了,想给她个惊喜,哪知成了惊吓。女孩子的父母倒是没说什么,她的哥哥有些不乐意了。吃饭的时候,哥哥喝了点酒,说了几句刺激龙聃的话,龙聃年轻气盛,哪里受过这种气,忍不住反击了几句,于是两人先是推搡继而动起手来,最后龙聃被赶走了。龙聃再去找那女孩子时,对方已经不理他了。

一晃又是八月,我到小镇已整整一年。有天上午,几个朋友非要带我去当地一处景点,说是景点,其实在当地处处可见。我估计他们是觉得不能浪费这美好的天气,至于去哪里倒不是那么重要了。景点果真是索然无味,反倒是往返途中的如同金黄色的毛毯肆意铺展的油菜花令我们满心欢喜。返回时,车开到半坡,我让朋友停下,喊他们一起下车走走。没走几步,就看到花田边的一处空地上摆放着几十个蜂箱,地上散放着帐篷、水桶,一个人用衣服盖住脸躺在花荫下。他听到我们讲话的声音,起身来看。我看了他一眼,发现是龙聃。

"蛋蛋做啥着呢,采花大盗啊?"一个村里的年轻朋友冲龙聃喊叫。

龙聃自然是回骂几句,慢悠悠地走过来跟我们聊天。原来父母嫌他在家啥事不做,就把他派给养蜂的舅舅搭把手。龙聃也嫌父母天天在家唠叨,出来躲躲清闲。说是帮忙,但就他这种大事做不了、小事不愿做的个性,也指望不上什么。我有时看着他,内心的情感复杂,为他以后的人生发愁,他能干什么呢?再过些年该怎么办?这些个毫无答案的问题引得我头疼。

同样是八月,发生了一件极其悲惨的事情。那天下午三四点钟时,我在楼顶收衣服。本来是昨天就该晒好的衣服,谁承想艳阳高照突变雷声大作。那时我正在村里,来不及返回,只好眼睁睁地看着大雨倾盆而至。持续时间虽不长,但辛苦洗完的衣服要么湿透,要么被风刮到墙根沾满了灰土枝叶,只好重新清洗。回到房间后见有几个未接来电,拨回去大为震惊,龙永生被土墙掩埋了,大家都已赶去救援。我挂掉电话后急忙下楼,骑上摩托车去小堡村。小堡村离镇政府不远,恰逢集市,我忧心如焚却又不得不小心翼翼地穿过密集的人群,再在依然泥泞的几条巷道中骑行一阵儿才到目的地。这里早就围满了人,我停好车走到近前,只见地上躺着两个人,旁边的村民、村干部、镇领导、医生、警察等都铁青着脸,三五成群地聚在一起,小声地说着话。我在人群中看到了龙聃,村主任在跟他说话,他双手垂立,神色木然,偶尔向身后的女人望去——那是他的阿妈。她正坐在离龙永生不远处的椅子上,头发凌乱,闭着眼睛,身子瘫软直要往下滑。两个妇人左右搀着她的胳膊,其中一个不时地抽泣。

那是一片下沉式的田地,三面是高低起伏的土墙,而在土墙的外面散居着人家。我起初以为不就是一面土墙嘛,顶多是砸伤,不至于伤人性命,待亲眼见过后才知事情的严重性。我仔细端详倒下来的土墙,完全用土夯成,细致紧密,十分厚重。"这应该是老墙了吧?"我问旁边的村民,答复我说有几百年了。原来,龙永生是来亲戚家帮忙的,亲戚要在土墙的旁边新起一面墙,结果挖地基时导致了塌方,一截土墙倒下来把他们掩埋在刚挖好的坑道里。不远处恰巧有施工队,但怕土墙再次倒塌,不敢动用大型设备,只好锹挖手刨。两人被挖出时身体温热,却没了气息。

自龙永生去世,龙聃也基本消失不见了,与几个村人谈起他,也都说好久没见到。后来我在镇政府看到了他,透过办公室的窗户看到他走进院子。龙聃枯草般的发型变了,取而代之的是齐整的短发，整个人清爽了许多，但是感觉脑袋变大了。他在楼前台阶上狠吸几口烟，把烟头扔到一旁的花坛里，急匆匆地上了楼。后来问包村干部得知，他准备申请产业扶贫资金，再问他想做什么，答复是养蜂。养蜂？这可不是买点蜜蜂回来，简单地让它们采采蜜、卖卖钱。养蜂需要技术，需要耐心，需要克服孤独的勇气，而这些我在龙聃的身上看不到。

龙聃并不是随便说说，他已经开始在山上的老房子里布置起来了。我曾让村干部跟他委婉地谈过养蜂的辛苦，镇上包村干部也跟他聊过，但龙聃不为所动，反馈回来的信息是龙聃"王八吃秤砣——铁了心了"。有次上山，我专门去到龙聃养蜂的地方，几十个蜂箱摆放得齐齐整整，周围的一切同样井井有条、干干净净。看到这些，莫名对他有了信心。我喊他的名字无人应，房里走出一个女孩子，二十多岁，眉眼疏朗，一说话脸就红了。她告诉我说龙聃去镇上了，应该快回来了。果然，没一会儿，龙聃就推着摩托车从院外进来了，见我在，便让女孩子弄点蜂蜜给我品尝。我问他可是女朋友，他竟面露羞涩，既不承认也没有否认。后来，我们俩在蜂箱前聊了很久，聊到他死去的阿爸，聊到因为阿爸的意外而生病不起的阿妈，以及他的打算。看着这个脸庞黑亮、额头与胳膊被蜜蜂蜇肿的年轻人，我发现龙聃变了，我是如此坚定自己的判断。从此以后，在我的心里，他就是真真正正的养蜂人龙聃了。

牛人何暖阳

小镇的信息永远是流动的,
随便问几个人都能给你讲出一些,
也正是这些汇聚的信息,
帮我拼凑出一个血肉丰满的何暖阳。

/ / /

何暖阳是我挂职村的村民,家里养了十三头牛。

"又下牛犊没有?""准备养到多少头啊?""最近有什么困难没有?""你们注意别累着了。"这些是我与何暖阳习惯性的对话内容,对话地点多在村里的高山草场,常常是我俩站在草地上,我的摩托车停在路边。他总是一脸憨笑,每次都从口袋里掏烟给我,而我只好一次次地告诉他我不吸烟。他的答复也简短,寥寥数语,或者反复说着"好着呢,成着呢"。不远处是他的媳妇,在牛棚中拎着水桶忙来走去。

村里有一千多人,分六个社散落在山上和川里,入村工作时我就山上山下地跑跑转转。何暖阳住在山上,前些年拆掉旧房,在原址盖起六间新房。我刚到村里不久时,赶上推广光伏发电项目，村民不用投入太多，只需提供一小块地方安装机器，所获得的电力可自用，多余的还可出售。为此，我去过何暖阳家。第一次去时是下午，赶上下雨，院内泥泞难以下脚，几个人只好边走边将砖块垫在脚下。听到有人进来，一只小白狗汪汪地叫了两声。何暖阳的媳妇推门出来，站在台阶上大声跟我们说话，喊我们当心，慢一些。小白狗也乖巧，蹲在女主人腿边望着我们东扭西歪地走过来。新房还未装修，墙皮与地面裸露着，铝合金门窗的包装还未撕掉，风一吹呼啦作响，盖房用的砖瓦石块堆在院内角落。同行的王社问他们怎么还没拾掇房子，女主人的脸红了些，说一直没空，再等等。见她不停抚摸右手，王社又问她的手好些没有，她依然红着脸说"好着呢，好着呢"。问她对光伏发电的看法，她说这是件好事情，不过要等男人回来商量一下。到了晚上，何暖阳打电话过来说同意，并约定了安装机器的时间。几个月后我又去过一次，依然只有女主人在家，不过屋里屋外整洁了许多，但也只是简单装修了下两间居住的房间，其他房间仍是当初新盖好的模样。

何暖阳的房子依山而建，地势高，周围没多少平坦地方，在大门处便可以俯瞰整个阳先社。门外的路细长且斜，一头连着进山路，一头接着出山路。何暖阳的家门前有一盏路灯，这是特意安装的。从前天一黑，阳先社便整个陷入黑暗之中，三三两两的灯火如荒野中的萤火虫发出微弱亮光,家家户户闭上门,无人走动,耐着性子等待黎明的到来。后来我向单位申请了一笔经费采购了一批太阳能路灯,再用一周的时间将它们安装在道路两旁、房前屋后,夜晚来临的时候,明亮温暖的灯光如清雾般在村里流淌。何暖阳一家与社里其他人家离得远,离他最近的邻居也在斜坡路与出山路的交会处,五十多米的距离,于是我们便单独在他家门前安装了一盏。

何暖阳养牛也是近两年的事,村里有养牛的传统。近些年养牛的人少了些,一是年轻人多外出打工,二是养牛实在是辛苦。何暖阳一年到头都在山上,大部分时间都是跟牛待在高山草场,冬天的时候才会把牛赶下来。起初牛少,只有一两头,可以关在院内牛棚里。随着牛越来越多,何暖阳硬生生地在屋外开辟了一块空地,建了两排牛棚。有人讲何暖阳把牛棚布置得比他家都好,有次我讲给他听,他依然只是憨笑。

何暖阳养牛的地方是石峡门。石峡门指的是一处山口,那里两山相对,中间大部分是深谷,一条仅容一辆汽车缓缓驶过的山路如腰带般依山环绕,头顶巨石斜出,通过之后又是一番景象。这里水草丰茂,村里的鹿场也在这儿,我时常带朋友来看鹿。白天它们在山腰处的树林中休憩,到了下午,一只只地跑到水池边饮水。鹿场是用铁丝网围起的面积很大的一片山坡,有时看小鹿在山野中奔跑跳跃,便格外担心它们哪天跃过围挡。后来大大小小十多只鹿果真跑了出来，抓捕是毫无希望的，村主任只能眼巴巴地看着它们游跑于群山之中，那时他的心肯定碎成几瓣了吧。除去何暖阳，还有别的村人在这儿放牧。他们多在山上搭建一个小屋，有的用石块垒成，屋顶用树枝搭盖；有的则用树干、树枝搭起，再铺点塑料布防雨雪，像一个帐篷。在藏区，这样的景象多见，尤其在海拔较高的草场，密密麻麻的一排，当地人称其为"虫草屋"，主要供采挖虫草的人居住。虫草是好东西，不过采挖虫草时形成的窟窿很容易造成高山草场的退化。

村民在石峡门放牧的历史由来已久，刘大爷就在这儿养过二十多年的牛。有次我跟他在路边闲聊，听他讲起许多当年的情况。那些年条件艰苦，尤其是往返草场的路况恶劣，雨雪天浑身沾满泥巴是常事，还要时时提防滑到沟底去，当然最大的麻烦是狼。

"狼？"我听他讲到狼时，不禁一震。

"狼。你可能没见过狼，不知道狼的厉害。"

"我见过一次，不过离得很远。"

那是傍晚，我们从县里开会回来，当开车经过森林公园的时候，同车人小声急促地喊道："狼狼狼！"我顺着他手指的方向，看到对面山脊处有一只狼，在微光的映衬下剪影般行走。现在已经很难见到狼了，夏天去山里清除罂粟时，若碰巧见到鹿或其他动物的尸骨，非常大的可能是狼干的。

"现在狼少了，那个时候狼都是三五只出没。狼狡猾得很，吃牛时会偷空钻到牛肚子下面，专咬大腿根，那里有条筋，把筋咬断牛就动不了了。"刘大爷接着讲，"你不知道狼的厉害，它们体型不太大，但是有一个橡皮肚子，几只狼很快就能吃掉一头牛。如果饿极了，会冲进牛群乱咬一通，它才不管有没有人在。"

"那是挺危险的。"

"狼一般不攻击人，就是心疼牛，一头牛的损失也不小。"

"是不是不养黄牛，养牦牛能好一些？牦牛野性足。"我问他。

"咦，可不是这样，你别小看黄牛，牦牛性格温顺，真顶起来，不见起打得过黄牛。"刘大爷急忙否定我的说法。

"狼这个东西坏得很，以前有户人家养了五十只羊，结果一晚上被咬死咬伤十多只。有的是脖子被咬断了，有的羊腿断了，有的羊头没了。我们估摸着至少是两只狼做的，一般一只狼咬死两三只羊就跑了。"

"那这个损失可就太大了。"

"心疼人啊！不过这都是老皇历了，以前村里小伙子还进山掏狼崽子，现在大狼都见不到一只了。"

"现在还是比你们那会儿条件好了，没那么累了。"

"稍微好点，不过也累。养牛一定得能吃苦，能操心，不然啥时候生牛犊你都不知道。"

"你看咱村何暖阳牛养得怎么样？"

"这个人攒劲得很，能吃下苦，牛养得好。"当地人，称对方"攒劲"是非常高的评价了，更别说是从一个老把式嘴里说出来，不由得让人对何暖阳刮目相看。

何暖阳四十多岁，中等身材，常年戴一顶深灰色鸭舌帽，冬天挡风雪，夏天遮烈日。偶有一次没戴，但见他头顶正中一团小孩子拳头大小的毛发，与周边清晰地隔断开。我开玩笑地问他是不是特意剪的发型，他也只是笑笑，说不知怎么就成这样了。

我想我应该是知道的。小镇的信息永远是流动的，随便问几个人都能给你讲出一些，也正是这些汇聚的信息，帮我拼凑出一个血肉丰满的何暖阳，我只是从未跟他谈起过。

何暖阳夫妇俩初中毕业后就回家帮父母做活了。村小学在山下，步行需要四十多分钟。小镇天气寒冷多变，往往走着走着一场雨就落下来了，等到了学校便如落汤鸡一般。初中在镇上，每天可以骑车，上学是下山，一路滑行，不费太多力气，放学回家就苦得多哩，骑不了一会儿就要推车上坡，人骑车变成车骑人。何暖阳成家后，夫妻俩都吃苦肯干，踏实劳作，日子虽说不上特别富裕，但也丰裕充实。夫妻俩虽读书不多，但对子女的要求很严格，两个孩子没有像别家孩子一样早早辍学打工，而是发奋学习，考取了大学。记得听到镇干部李黎讲这些时我还问她："何暖阳年龄也不大啊，孩子都读大三了？"李黎笑说这里的人结婚早，生孩子也早，"还有十八九岁就当爹的呢，现在不到五十岁，孙子都会跑啦。"我被她说笑了。

  日子一天天地过去，有些人过得舒畅，有些人难免碰到些沟沟坎坎，也有些人遭遇晴天霹雳、生死难关。我还没到村子的前两年，何暖阳夫妻俩开三轮车下地干活，结果车轮打滑，翻入了路边的沟中。夫妻俩被压在车下，同时进了ICU。两个孩子急忙从学校回来，每天只有十分钟的探视时间。有次儿子给何暖阳喂水，何暖阳认为自己可能挺不过去，跟儿子安排后事，他反复嘱咐泪如雨下的儿子无论如何都不可以动用那笔给他们姐弟俩读书的钱。儿子讲给旁人听，听者无不唏嘘。

  这应该是何暖阳一家最为煎熬的时光，突如其来的变故将一个家庭的正常生活击得粉碎。或许是因夫妻俩的良善与乐观，或许是因姐弟俩的祈祷感动了上天，何暖阳与媳妇竟慢慢恢复了，只是不可劳累，不能从事重体力劳动，这意味着他没有办法使用自己的力气，没有办法偿还生病欠下的债务，这个家似乎将在这场变故中一蹶不振。在外人看来，何暖阳跟他媳妇对生活永远充满笑意，乐观面对生活。他们最后决定在小镇租间铺面，卖些面食。重活做不了，可以勤快地做些轻活。两人每天凌晨三点多就起床，和面做馍馍，做好后天仍未亮。两人从店铺里搬出桌子，等行人多些就把热乎乎的馍馍端出来卖。为了多卖几个馍馍，何暖阳提供配送业务，有时甚至为了三五个馍馍骑车几公里。夫妻俩互相鼓励，面食店的生意蒸蒸日上，可灾难再一次降临到他们的身上。何暖阳的媳妇的手绞到和面机里，桡骨骨折，手指关节粉碎性骨折。何暖阳送媳妇去医院，手术、陪护、静养，由于伤势严重，加上之前的老伤，痊愈后依然丧失了部分功能，再难像从前一样了。

家庭的重担再次落到何暖阳肩上。几番权衡后，他和媳妇关掉了面食店，决定回家养牛，于是就有了今日的何暖阳。想养牛，先要在山里建一座牛棚，建筑材料难以运到目的地，只好先修路，材料多且重，自己做不了，便请亲戚帮忙。牛棚建好后，又面临资金短缺的问题，没办法只好先买一头牛，等筹到足够的钱再买第二头。自车祸变故，何暖阳一家的经济条件急转直下，幸好有城乡居民医疗保险，镇政府考虑到他们的实际情况，提高了他们的报销比例，并通过保险公司与民政救助，报销了大部分的医疗花费。

当得知何暖阳准备从事养殖业时，镇政府不仅给他提供无息贷款，还拨付了产业扶贫资金给他。一个干部说："这样的人我们不帮扶，那我们帮扶啥样的呢？"虽然只是转述，但我听后依然感动。仅仅两年的时间，从一头牛、两头牛发展到现在的十三头牛，何暖阳家的经济状况好了许多。现在他在扩大自家养殖规模的同时，又发现了致富门路，计划替那些养殖规模小的农户代养黄牛，用他的话说就是挣点辛苦钱。前段时间他又散养了一些土鸡，看来是真要在养殖业这条路上走下去了。

进山多了，见到他的次数也就多了。我经常看到一个老人坐在牛棚边，或许是他的老父亲吧。后来与李黎闲聊才知道，那是他的叔叔。他的叔叔因为精神受过刺激，终生未婚，他便接过来照顾，一晃也有十多年了。"怪不得他儿子把他当作心中的灯塔，永远的榜样。"我在心里默念了这么一句。

路灯安好后，傍晚我去查验，恰巧遇到何暖阳从山里回来，擦肩而过时，尕何问他："牛犊下了木有？"他答复说："还木呢。"

尕何又说："再不下都没有牛犊肉吃了。"何暖阳知道尕何在跟他开玩笑，咧嘴笑出声来。

我接着跟他开玩笑："产业扶贫的资金还有没有了？不够再给你点儿啊？"

他一边走,一边扭身回头大声笑着说:"成着呢,多给点,我再去买头牛。"

　　说完他进了家门,我抬头一看,他家门口的那盏路灯高高矗立,照耀得整个阳先社格外亮堂。

几个朋友

我无论如何也想不到,
十多年后的自己也会拥有一个这样的称呼:"第一书记",
更不会想到在接下来的岁月中,我会结识一个又一个的"第一书记",
他们中的许多人在不经意间流露出的赤诚之情打动、感染了我。

/ / /

当我观看电影《第一书记》的时候,我无论如何也想不到十多年后的自己也会拥有一个这样的称呼:"第一书记",更不会想到在接下来的岁月中,我会结识一个又一个的"第一书记",他们中的许多人在不经意间流露出的赤诚之情打动、感染了我。

时至今日我还记得五年前与玉峰、齐雄在甘肃省委党校培训时,我们在911房间谈笑的那个春日下午,他俩坐在窗边的沙发椅上,背后是温暖的阳光。我们三个都是从北京到甘肃任职,我的年龄大一些,齐雄年龄最小,玉峰居中。他们俩一个在庆阳,一个在临夏。那个下午大家聊得很开心,但更多时候还是齐雄在讲。齐雄瘦高,戴一副黑框眼镜,短短几个月的时间,原本白皙的皮肤晒得黝黑,讲到村里的事,开心时便手舞足蹈,笑得前仰后合,露出满口大白牙。虽然同为"第一书记",可由于任职村位置的缘故，我们三个人住地不同，玉峰住县里，我在镇上，齐雄在村里。对于玉峰，我知道他借助单位的力量，给当地建了几所幼儿园，这是善莫大焉的事。对于齐雄，虽然他没告诉我们具体的事情，我却从接替他的同事嘴里知道了他的情况，他的同事是单位选派的第二任驻村"第一书记"。"上任第一书记齐雄走遍了毛庄村600多户人家，我到村第一件事也是上门入户了解村情民情，和群众慢慢交流，从衣、食、住、行和思想状况各个方面详细了解情况，既虚心接受群众教育，也努力当好各项政策的讲解员和宣传员。"我想，这不是夸张的描述，从那个下午齐雄讲给我的故事与感触中，我知道他是做到了这些的。也就是在那个培训班上，我还记得一个同事在台上讲到他有次下村差点连人带车掉入深谷，他把这事告知自己的爱人，当他讲到爱人因为担心而在电话那头疯狂大骂他时，一个大男人竟突然红了眼眶。

随着任职生活的结束，我以为我将与无数个有着相似经历的"第一书记"重回各自岗位，在怀揣那份深深的印记逐渐与这段岁月作别时，从未奢想我们这群人会有这样那样的交集，并且会成为不错的朋友。

晚上接到国平信息的时候，我正在完成一份作业，那时我正在封闭培训。他加我微信，并问是否可以给我打电话。就这样，我们聊了起来。原来他看到了我关于任职生活的文章，颇有感触，碰巧我们俩又都在一个微信群中，于是他找到我。我和他不相识,可两个陌生人却一见如故,在电话中畅谈起来,当然,主题只有一个,那就是我们共同的经历。我们聊的时间不算长,但我清晰记得他的兴奋与激情,通过话筒源源不断涌进我耳朵里。

国平在湖南永州的新田县扎扎实实待了两年。这两年,他积极主动调研,先后走访12个乡镇,103个贫困村,将近1000户贫困户家庭,通过进村入户掌握第一手资料,认真落实相关要求。对他的这份辛劳,我是敬佩的,在他的身上,也有着太多同仁的影子。

为何要去从事这份工作?这是我们这群人都会问自己的问题。国平说,公司选派他去的时候,他就抱着一种初心,人生能有这么一次机会投入到这项伟大的历程当中去,往小了说是一种反哺,往大了说也是做一些贡献。到贫困县去的初心,就是想着扎扎实实帮助贫困群众做一些实实在在的事,同时也是丰盈自己的人生力量,认识真实的中国。

国平说出了我的心里话。他不仅有能力,更重要的一点是有情怀,他看到了基层干部的难。这是我颇有感触的一点。他说,当地基层干部非常不容易,自己要切切实实去理解他们的这份不容易,他们的苦衷。对他们,国平是有一份同理心的。基层干部工作时没日没夜,"5+2""白+黑",但是收入跟国平以及他的同行们比起来,少得可怜。所以国平说,我们很多时候要多报以理解,报以认同,这之后再去跟他们一起做这个工作的时候会容易一些。

这两年,国平把"挂职"当"任职",取得了很好的成绩,收获了许多的荣誉,最重要的是受到当地干部群众的肯定。当他回望这一切的时候,他真诚地说:"这几年我自己在这个过程当中有酸甜苦辣,五味杂陈。有次我去慰问贫困户,当时还是冬天,穿着羽绒服。这个老人家接到慰问金和一床被子时,立刻热泪盈眶,而我同样眼眶湿热了。对于我个人来讲那就是一种力量,这种精神的力量支撑我去做很多事情。这两年,看到项目落成,看到山野菜的项目使贫困户得到好处,贫困学生考上大学,未来几年以后人生轨迹就改变了,那个时候内心由衷地开心。"

后来,我又遇到了时鹏,他也是在湖南工作。本想在全国脱贫攻坚表彰大会上与他相见,结果彼此的住地不同,所以没能如愿。他有一句话深深打动了我,他说:"扶贫,将我个人和时代融为了一体。"他的话讲出了万千扶贫干部的心声。

我曾问时鹏,你当初为何去做"第一书记"?时鹏很坦诚,他说自己在单位,每天循规蹈矩,每年有固定的任务量,完成了就完事了。然后就照顾照顾家里,看看孩子做做饭,爱好也不多,平时就打打羽毛球,生活平淡,但也不厌。所以在接到单位通知他去任职的时候,他有些惊讶。

"肯定是单位觉得你优秀吧?"我跟他开玩笑。

"怎么会啊,我们单位一万多人呢!"他也笑着回我。

"你当初是否很犹豫?"没想到这个问题让时鹏打开了话匣子。

"因为单位职工大部分都是我这个年龄,上有老,下有小,老婆或者老公工作也都很忙,少一个人在家,稍微有点事儿就顾不过来。所以,把家搁北京,到这地儿来扶贫,还真得琢磨琢磨。我在电话里跟单位说,我跟家里人商量商量,嘴上这么说,心里就想,我老婆肯定不同意。没想到,在听到去张家界扶贫的时候,老婆居然满口答应,说去吧,那里风景好。但来之前,又开始担心了。家里能租到房子吗?能收快递吗?听说那里环境恶劣,晚上能出门吗?我在单位从来没当众发过言,没讲过课,在村里的工作能搞好吗?甚至会不会挨揍?"

"看来你的工作开展得很好,否则也不会荣获全国脱贫攻坚的先进个人。"我很真诚地对他讲。

"这段经历让我思考了很多。说到我自己,经过扶贫,将我个人和时代融为了一体。在参与扶贫之前,我一直对个体与时代之间的关系比较模糊。在感知里,时代往往带有宏大的气息。作为我们个体而言,有时会感受到一种强势的意味。我们往往会遇到一些被动的选择,一般情况是,我们的内心会趋于对抗,但迫于自我认知的局限,又会表现出表面的顺从,不得已之下将自己的个性进行隐藏。所以,我一直对个人是否能够真正完全融入时代的发展而感到疑惑,对即使能够融入但是否会在时代中失去了真我而感到怀疑。

"是这段经历彻底改变了你的认知吧？"我问他。

"是的，参与脱贫攻坚的几年间，我的感知有了根本性的变化。我感受到平凡个人的无尽渺小，感受到时代浪潮的巨大推力。奇特的是，在自身融入浪潮的同时，渺小个体的胸腔里面，却也容纳着整个时代。通过扶贫，我一个小小的个体，融入了这个时代，并跟随时代的大潮，经历了如此撼动人心的变迁。这必将是我人生中最闪耀的经历。"当时鹏讲这些的时候，我看到了他坚定的眼神与坚毅的神情。

除去之前提及的几位朋友，我还与很多的"第一书记"交流、分享彼此的心得与经验，并相互鼓励。对他们，我是充满敬意的，我也为我们所做出的努力感到自豪。记得中央和国家机关工委编写了一本《中央和国家机关驻村第一书记扶贫典型案例集》，在新书分享会上，我曾经讲过这样一段话，我说这本书，既是一本工具书，也是一本并不那么简单的案例集，我很开心能有这样一本书留下我们的身影。这本书中记录了我们这群人在任职"第一书记"的时光中完成了任务，磨砺了品格，提升了能力，获得了成长，同时还承载了我们的青春、理想、收获，以及血泪，在这一切的背后，是整个民族所展示出的磅礴力量。

后记

///

在人生的道路上,我们会有无数个决定,但总会有那么几个决定将你引向难以预知却又充满独特魅力的旅途。

多年之后,我依然会记得自己动身离京前的那些瞬间以及附着的情绪,它们都已经深深地印刻在我的脑海里。在那些瞬间中,有抉择时的煎熬与焦虑,也有抉择后对远方的渴望,以及时时袭来的茫然与忧愁。我记得在我最终决定到甘肃省那个小山村任职"第一书记"后的那个下午,我关上办公室的门,独自整理完里面的所有东西,于黄昏中慢慢走回家,途中雨落下来,而我在细雨中走了很久。

2015年7月,当我孤身一人在那个名为冶力关的小镇时,当我不得不面对起初因思维、环境、语言、饮食带来的诸种不适时,我曾经这样问过自己,促使自己最终选择到这个小山村来的原因是什么?是因为在固化的生活轨道中太久,难以忍受循规蹈矩、日复一日的庸常生活从而选择的跳脱吗?是认为作为一个从事文学工作的人,如果不积极融入社会,不去从社会这个大课堂中汲取营养，就无法做好文学工作吗？还是觉得如果不懂乡村就难以了解中国，所以才会将自己放置于乡野之间，试图在这个群山连绵的角落中，通过乡村来读懂中国？这些原因都曾经在我的脑海闪现过，直到我读到李一鸣老师给我写的文章，他在文中引用了这样一段话：

从影片《第一书记》中，我看到了理想与担当。令人振奋，又引人思量。

这份理想，是个人价值实现的理想，是天下为公的理想，是为人民服务的理想，是一份追求美好、坚守信仰的理想。

人人有理想，理想的实现定要有担当。

我喜欢有担当的人。我为沈浩鼓掌。

这是我十年前观看影片《第一书记》后写下的一段话，当时我被"第一书记"沈浩在小岗村的任职生活所打动，于是随手写了一些感想发在博客上，李一鸣老师有心，翻出来给我。我突然明白我苦苦思索的那个答案是什么了。原来，有些东西始终存在并早已融入于我们的血液中，它会在某个时刻跳出来，促使你做出那个必然的选择。

我去任职"第一书记"的地方是甘南藏族自治州临潭县冶力关镇池沟村，地处青藏高原末端，海拔2300~2600米之间，因为海拔较高的缘故,全年气温较低,当地人戏称这里只有两个季节,一个是冬季,一个是大约在冬季。待到冬日来临,大雪飘飘洒洒落下时,与外界断了交通,这里便成了一个愈发静谧的山村角落。一个当地的年轻朋友曾在大雪中问我有没有种与世隔绝之感,没待我回答,他接着说感觉自己被世界遗弃了。与恶劣环境形成鲜明对比的是当地壮美的山水风光,当地有山,有湖,有林,许多次我在山中穿行,总有一种令人无言的美扑面而来。

犹记离京前,领导找我谈话,交代叮嘱,并讲述了自己多次奔赴西藏工作的经历,其情殷殷,其言谆谆,他送了我八个字,"量力而行,尽力而为"。我记在了心里。回望两年多的任职生活,虽没有做出什么特别有成绩的事情,但也算是兢兢业业、尽职尽责,我并未愧对自己两年的时光。在这段工作里,留下印象的人与事有很多,他们共同见证了我的山中岁月。在那里,我喜欢与村镇的人交流,尤其喜爱与年轻人谈天,而他们也愿意在我空闲的时刻跟我分享他们的喜乐哀愁。许多次,我兴奋于他们成长中的进步与收获,同样我也会陷入跟他们同样的束手无策,每当这时我便会内疚于自己的无能为力。我也会走访慰问村里的那些老党员,听他们的意见建议,有次一个老党员卧病在床,我去看他,他跟我聊天时用力握住我的手,久久不松开。

任职村"第一书记"的日子总是很忙碌,并且随着融入的时间越久,事务愈发繁杂。在北京待久了,进入基层如同跌入一个失重的世界，充满了太多的不确定与不可控，基层如同神经传输的末梢，似乎只有在永恒的被动中尝试建构起自身主动性的可能。当我任职八个月后，诸般生活与工作的况味时常袭来，令我欢呼雀跃，引我唏嘘感慨。文学，在我的心中拥有了截然不同的意义，于是，当我又在核桃树下闲坐的某个时刻，我突然起身回到楼上的小房间，打开电脑，写下了我关于任职时光的第一篇文章《另一种生活》。

从我写下第一个字时，我就知道这并不仅仅是关于环境与工作的记录，我试图去穿透生活的表面，在展示不同群体的形象以及努力中思考复杂的人性，揭示永恒的困境。在脱贫攻坚、乡村振兴的过程中，我看到农民的良善、朴实、上进，也尝试去理解他们身上的不足；我看到乡镇干部的辛苦与无奈，并为之而心疼，但也会批评他们的固执与偏见；我看到翻天覆地的变化，也看到这变化从物质到精神的背后需要一代代人持续不断地付出。在基层，在农村，许许多多发生的事情如同冰山一角，真正需要解决的实则是海面下的巨大存在，我不敢轻易判断一件事的对错，也不敢轻易判断一个人的好坏，唯有以一颗悲悯之心小心翼翼地对待并努力去解决。

在山村生活的日子里，远离家人与朋友，孤独如影随形，无数次屋外狂风席卷着核桃树的枝条抽打着门窗，或者大颗的雨滴在玻璃上叭叭作响，而我孤身一人伏案写作。是写作给了我安静下来的力量，在读书与写作中，我学会了享受孤独，充盈内心，而这些也都会不经意流露于字里行间。

在我任职期间以及随后的三年时间里，我断断续续写下系列文章，这里面有对地方人文风景等的描述；有对扶贫工作的记录与思考等；有自己所做的助学活动以及对乡村教育的思索；有对远方、家人朋友的想念；有对当地村人以及镇政府年轻人生存境遇与内心的描摹；还有自己对这段工作生活的深切梳理与反思，等等。

这些文章见证并铭刻着岁月的痕迹。一个人，能够投身于时代，参与到人类历史上的伟大壮举当中，并以自己的亲身实践为之付出力量，无论如何都是一件幸运的事情。这些文字中虽以个体的视角与思维，通过不同的角度与侧面记录并展示了自己两年来的工作、生活，以及复杂的心路历程，但我想这或许会引起有着同样经历的朋友的共情，他们应该也会从中看到自己认真体验生活、转变固有认知，破除刻板印象，拥抱变化的成长与担当。这些文字中，我看到了自己的转变，这里面不仅有我，还有我们这群人的理想与青春，我们有过迷惘与彷徨，有过脆弱与失望，但更多的是始终向前的坚定身影。

回望这两年的时光，我想我真正把自己融入到这段生活中。我从来没有如此融入人群，也从未如此贴近自己的内心。是这段岁月让我对生活有了更深层的体悟，我抛弃了那些想象与幻想；

我从未像这两年一样努力生活，并在孤独与熬煎中慢慢变得坦然；我终于可以穿透生活的表面，学会如何在生活的内部去生活，并在深切的体悟中懂得了思考的方向与人生的意义。在这两年当中，我见识到生活带给我们的苦难，但也欣喜看到艰难背后的乐观与阳光。很庆幸在自己的生命中有这样一段刻骨铭心的时光，淬炼了我的青春与品格，让整个人生充满愈发丰盈、辽阔的可能。

最后，我要谢谢我的家人，以及所有关爱、支持我的朋友们。

祝福大家！